独学で確実に突破する！

「行政書士試験」勉強法

太田 孝之
Takayuki Ota

同文舘出版

はじめに

私はこれまで行政書士試験の学習サイト「行政書士試験！　合格道場」の代表や、スクールの講師として、多くの行政書士試験受験生に対して指導やアドバイスをしてきましたが、受験生の中には私のことを「頭が良い人」「賢い人」と言ってくださる方がいらっしゃいます。

せっかくそう言ってくださる方がいるのに、わざわざ否定するのもどうかとは思いますが、残念ながら私は天才ではありませんし、大して頭も良くありません。

もちろん、何をもって頭が良いとするかは確たる定義があるわけではありませんが、少なくともIQであったり記憶力であったりという部分では、私はまるっきりの凡人です。

それどころか、元々私は、頭を使うことより、体を使うことを得意とする典型的な体育会系気質であり、実際に若い頃には、実業団サッカーチームに選手として所属していたこともあります。

ですから、仮に頭脳の平均を50とするなら、私は51くらい。しかも、この「＋1」も願望的・希望的なものです。

もっとも、あえてこのような自虐的なことを言うのは、悲観的になっているわけではなく、**物事を教えたり伝えたりするのは、むしろ凡人努力型のほうが適している**と私は思っているからです。

というのも、私がサッカーをやっていた当時、いわゆる天才と呼ばれるような方から指導を受ける機会もありましたが、天才は凡人のことをあまり理解していませんでした。また、凡人が天才の真似をしても必ずしも良い結果には結びつかないということも、幾度となく感じました。

もちろん、天才から学ぶことも多くあるのですが、天才は、さほど努力せずに何でもこなせてしまいますし、理屈を考えなくても、大抵のことは感覚で対処できてしまうので、ズレが生じやすいのです。

スポーツの世界でよく言われる「名選手、名監督にあらず」というのも、そういったことが起因しているのではないかと思います。

そして、これは勉強においても通ずるものです。

行政書士試験の学習においては、「3カ月で合格できる」「過去問さえやっておけば合格できる」「記述式は択一をやっていれば自然にできる」など、受験生にとって耳あたりの良い言葉がたくさん見受けられます。しかし、一部の天才はそれを実践できても、凡人が真に受けて試験に臨めば、痛い目にあうのは明白なことです。

一部の人にとっては近道でも、あなたにとって近道でないということは、試験の勉強ではよくあることです。

できることならラクをして短期に合格したいと考えるのはごく自然なことですが、正直なところ、ラクすることばかりを考えて合格できるほど、行政書士試験は甘いものではありません。

もしも、あなたが天才でないならば、耳あたりの良い言葉に流されることなく、本書でお伝えしている、**凡人によって凡人のために考案された「反復」と「効率性」を重視した勉強法**を習得し、ぜひとも実践してください。

皆様が本書を活用して、合格の栄冠をつかみ取られることを、心よりお祈り申し上げます。

平成二四年九月

太田孝之

独学で確実に突破する！「行政書士試験」勉強法　目次

はじめに

1章 行政書士試験の学習をはじめる前に知っておきたいこと

2章

独学がスムーズにいく学習計画の立て方

3章

合否の鍵を握る学習教材の選び方

4章

学習の鉄則（全期共通・インプット期編）

5章 学習の鉄則（アウトプット期・総合学習期編）

6章 各出題科目の傾向と対策

7章 1点でも多く取る! 時間配分・短縮テクニック術

8章 試験が終了したらやるべきこと

装幀　齋藤　稔
本文デザイン・ＤＴＰ　ホリウチミホ（ニクスインク）

1章

行政書士試験の学習をはじめる前に知っておきたいこと

本章では、そもそも行政書士とはどういう職業なのか、
その試験はどれくらいの難しさなのかなど、
行政書士試験の学習の前提となる
知識について説明します。
自分が目指す資格の実態をつかんでいないのは、
見えない目的地に向かって進んでいるのと
同じことです。
まずはこの章で「目的地」を明確化させてください。

1 行政書士ってどんな職業？

「行政書士」という用語は、一般的に、誰もが一度くらいは聞いたことがある言葉だと思いますが、それが「どんな職業か？」と問われると、答えられる人は極端に少なくなります。平成18年に、行政書士試験の範囲から行政書士法が除外されたこともあって、本試験間近の受験生でも答えられない人がいるほどです。

これから皆さんが行政書士試験の学習をしていくにあたって、周りの人からこの質問を受けることもあると思いますが、そのときに「えーと……」となっては、少々心許ないものです。これから目指す資格の概要程度は、つかんでおく必要があります。

行政書士は、行政書士法に基づく国家資格者です。特に行政手続きの専門家として、重要な役割を担う職業です。

福祉行政が重視される今日において、人々が官公署に書類を提出する機会は多くなっていますが、それに伴い、高度の知識を要する書類も増加してきています。

行政書士が依頼を受けて、それら書類等を正確・迅速に作成することにより、国民の諸権利・諸利益が守られます。また、行政においても、提出された書類が正確・明瞭に記載されていることにより、円滑で効率的な処理が確保されるという公共の利益にも繋がるため、行政書士の役割は重要なものとなっているのです。

近年の行政書士法改正により、行政書士にも申請の代理権が認められるなど職域の拡大が図られたり、行政書士法人の設立が可能になったりしているのは、行政書士の必要性が高まっている現れともいえるでしょう。

行政書士は、一般に「**街の法律家**」という呼ばれ方もされます。

役所への申請書類作成・提出代理業務の他にも、主な業務として「遺言書等の権利義務、事実証明及び契約書の作成代理業務」、「相談業務」などがあり、その活躍の場は非常に広いものとなっています。

2 行政書士試験の難易度

行政書士の資格は、長年、法律系公的資格において登竜門的な存在として扱われてきました。そのため、そうしたイメージを持っている方からは、難易度はそれほど高くないと言われることがあります。

しかし、司法制度改革によって行政書士の重要度が増したことや、ドラマ・マンガ等の影響で行政書士の認知度が広がり、受験生が増大したことなどを背景として、近年、**試験内容が急激に難化**しています。

合格の基準が異なるため、他の試験と単純な比較はできませんが、各問題のレベルだけで比較した場合、司法試験や司法書士試験などと同等の内容のものも出題されています。

こう言うと、「司法試験と同等なの!?」と、腰が引けてしまうかもしれませんが、全てがそのような問題というわけではないので、過度に構える必要はありません。

ここで私が言いたいことは、**独学でも十分対応は可能だけれども、あまり甘く見てはい**

行政書士試験の合格率の推移

年度	受験者数	合格者数	合格率
平成19年度	65,157名	5,631名	8.64%
平成20年度	63,907名	4,133名	6.47%
平成21年度	67,348名	6,095名	9.05%
平成22年度	70,586名	4,662名	6.60%
平成23年度	66,297名	5,337名	8.05%
平成24年度	59,948名	5,508名	9.19%
平成25年度	55,436名	5,597名	10.10%

出所：財団法人行政書士試験研究センター

けないということです。また、「難しい」「易しい」という言葉に踊らされて事実を見失わないようにしてほしいということです。

その参考になるデータとして、「合格率の推移」があります（上図）。

新試験制度となった平成18年以降では、常に1桁台の合格率で推移しています。

これは、学校のクラスで考えれば、法学部生、法科大学院生等も含めた1クラス（40名）のうち3名前後しか合格しないということですから、「甘くない」ということは、この推移から十分ご理解いただけるでしょう。

3 行政書士試験の概要

具体的な学習法を説明する前に、まずは試験の特徴を説明しておきます。

行政書士試験の実施は、総務大臣の指定試験機関として都道府県知事より試験事務の委任を受け、財団法人行政書士試験研究センター（http://gyosei-shiken.or.jp）が行ないます。

試験日

毎年**11月の第2日曜日**に、全国一斉に行なわれます。合格発表日は、試験が行なわれた翌年の**1月の第5週に属する日**となっています。

解答速報自体は、試験当日に各スクールなどから発表されますが、スクールによって解答が違っていることも少なくありません。さらには、記述式問題の採点基準自体は不透明であるため、試験日から発表までの約2カ月半は、合格ライン上の受験生にとって苦悩の期間になります。その苦悩を回避するべく、「択一のみで合格！」といきたいところですが、そんなに甘くないというのが現実でしょう。

受験の申込み

財団法人行政書士試験研究センターのホームページ上、または郵送にて申し込むことができます。申込みの受付期間は例年**8月上旬から9月上旬まで、受験料は7000円**となっています。

受験会場が複数ある都道府県では、基本的に希望試験会場の決定は先着順であるため、受験が決まっている方はなるべく早くに申込みをするのが得策です。

ちなみに、例年、試験当日に別の試験会場に行ってしまい、受験できない方が数名はいるようです。そんな泣くに泣けない事態に陥らないように、受験票はしっかり確認するようにしてください（10月下旬に届きます）。

受験資格

試験を受けるにあたり、**年齢、学歴、国籍等による制限は設けられていません**。つまり、誰でも受験できるということです。

ちなみに、平成25年の最年少合格者は17歳2名、最高齢合格者は73歳4名でした。

試験時間

試験は午後1時から午後4時までの**3時間**となっています。

3時間という長丁場なため、試験監視員付添のうえでトイレに行くことは認められていますが、時間ギリギリの勝負になることが多いので、実際に行く人は少数です。

確たるデータはありませんが、私がこれまで受験生から聞いた情報から算出すると、試験中にトイレに行く方は全体の5％くらいです。つまり、大半の方は3時間ぶっ続けで頭をフル回転させることになります。その意味では、かなり過酷な試験といえるでしょう。

出題範囲

出題は、次の範囲から行なわれます。

・**法令等**……憲法、民法、行政法（行政法の一般的な法理論、行政手続法、行政不服審査法、行政事件訴訟法、国家賠償法、地方自治法を中心とする）、商法（会社法含む）、基礎法学の中からそれぞれ出題。法令については、その年の4月1日現在施行されている法令に関して出題

・**一般知識等**……政治・経済・社会、情報通信・個人情報保護、文章理解

行政書士試験の概要

申込書(試験案内)の配布	8月上旬から9月上旬まで
願書受付	8月上旬から9月上旬まで
試験日時	毎年1回、11月の第2日曜日、 午後1時から午後4時まで
合格発表	翌年1月の第5週に属する日
受験料	7000円
受験資格	制限なし
受験地	各都道府県

※正式な試験概要については、毎年7月上旬に公示されるので、(財)行政書士試験研究センターホームページなどで確認してください。

行政書士試験の出題内容

出題分野	
法令等	憲法、民法、行政法(行政法の一般的な法理論、行政手続法、行政不服審査法、行政事件訴訟法、国家賠償法、地方自治法を中心とする)、商法(会社法含む)、基礎法学 法令については、その年の4月1日現在施行されている法令に関して出題
一般知識等	政治・経済・社会、情報通信・個人情報保護、文章理解

4 行政書士試験の配点と合格基準

行政書士試験は、合計60問による筆記試験です。その出題形式の内訳は、**五肢択一式問題が54問、多肢選択式問題（20の単語による穴埋め型問題）が3問、記述式問題が3問**となっています。

解答については、五肢択一式及び多肢選択式は**マークシート方式**で行ない、記述式問題は**40字程度を記入する方式**で行なわれます。

合格基準は、原則として満点（300点）の60%以上、つまり180点以上で原則として合格となりますが、これとは別に科目別の最低点も定められています。

科目別の最低基準は、「法令等」と「一般知識等」の両方に設けられていますが、「法令等」については、例年、形式的に設けられているにすぎません。

「法令等」で基準未満になった場合は、配点上、必然的に合計180点に届かないため、実質的な合格基準は**「合計180点以上」と「一般知識等24点以上」の2つを満たす**必要

配点

試験科目	出題形式		出題数	満点
法令等	択一式	五肢択一式	40問	160点
		多肢選択式	3問	24点
	記述式		3問	60点
	小計		46問	244点
一般知識等	択一式	五肢択一式	14問	56点
合計			60問	300点

※問題別配点

▽五肢択一式：1問につき4点
　多肢選択式：1問につき8点　空欄（ア～エ）1つにつき2点
▽記述式：1問につき20点

合格基準

次の要件のいずれも満たした場合に合格となります。

①行政書士の業務に関し必要な法令等科目の得点が、122点以上（満点の50％以上）

②行政書士の業務に関連する一般知識等科目の得点が、24点以上（満点の40％以上）

③試験全体の得点が、180点以上（満点の60％以上）

※合格基準については、問題の難易度を評価し、補正的措置をとることもあります。

があります。

なお、新試験制度となった平成18年以降は、合格基準について「問題の難易度を評価し、補正的措置が加わることもある」と付け加えられており、ある意味完全な絶対評価の試験ではなくなったともいえます。

ただし、これまで一度も補正的措置はとられていないため、あまりこの点を意識する必要はありません。

2章

独学がスムーズにいく学習計画の立て方

前章にて向かう目的地がどのようなものか把握したら、
次はその目的地にたどり着くための
計画を立てましょう。
本章では、行政書士試験に合理的かつ効率的に
合格するための学習計画の立て方について
説明していきます。

5 独学とスクール、どちらがいいのか?

本書を読んでいる方は独学者が多数であり、スクールへ通っている方、または通おうと考えている方というのは少数かもしれません。

勉強法を特に気にしなければならないのは独学者ですが、その心情として、「**本当に独学で大丈夫なのか?**」「**スクールに通えば合格の可能性が高まるのか?**」という不安と疑問が心の奥にあるかと思います。まずは、その点について説明しておきます。

独学者全体とスクール等の利用者全体を単純に比較した場合、それは、当然に独学者が圧倒的に不利です。

なぜなら、独学者の中には、書店に並ぶ「この1冊で大丈夫!」というキャッチコピーを盲目的に信じて、そのまま試験に臨む方もたくさんいるからです。そのため、必要な情報を入手しているかどうかという観点から、「独学者全体」と単純に比較すれば、差がつくのはある意味当然ともいえるのです。

他方で、今、本書を読まれている方は、少なくとも情報収集は怠っておらず、適切な学習をできる状況にあります。

そういった独学生、とりわけ本書の利用者と比較した場合は、どうなのか？

結論から言うと、**それほど大きな差は生じません**。

スクールに通ったことのない方は、とかくスクールに対して「独学では学べない特殊なことをたくさん教えてくれる」と過大な幻想を抱きがちです。しかし、行政書士試験の内容自体は難易度が上がっているとはいえ、市販教材による独学でも十分理解し、対応できるレベルですので、その観点からの差はさほど生じません。

また、講義というのは、特に頭を働かせなくても聴くことができますので、受講しただけで学習した気になり、実は全然身についていないというケースもあります。リアルの講義では、ダウンロード形式の講義と違って倍速等で視聴できないという点で、効率性において、必ずしも優れた学習方法と言いきれない部分があります。

結局のところ、独学であっても、スクールであっても、合格できるかどうかは「本人の努力次第」というのがその根本にあるのは変わりなく、「スクールに通えば合格できる」なんてことは決してありません。

実際、厚生労働省が公開している、職業訓練給付制度利用者によるスクール別の合格率データを調査すると、ほとんどのスクールが全国平均合格率の2倍以内であり、私が運営している独学者向けの学習サイト「行政書士試験！　合格道場」（http://gyoseisyoshi-shiken.rdy.jp）利用者の合格率よりも低い数値になっています。

ですから、本書による合理性と効率性を追求した適切な勉強法を実践すれば、**独学でもスクールに通う以上に合格の可能性を高めることができます**。

ただし、スクールへ通うことを否定しているわけではありません。スクールへ通った場合のメリットというのも、もちろんあります。

特に大きなメリットとして挙げられるものには、学習計画を半強制的に進められることや、指導者と仲間がいるため、モチベーションを保ちやすいことなどがあります。

また、メリットと呼ぶのは適切ではありませんが、多額の授業料を払ったことによる意識の違いというのも、結果へ影響を与えるところだと思います。

したがって、「自己管理では、長期間の学習を継続させる自信がない」という方の場合は、利用するメリットは大きいかと思います。

この点、「自分は強い意志があるから大丈夫！」と思った方もいるかもしれません。受験生のモチベーションは、学習に着手する直前は非常に高く、やる気がみなぎっているので、「自分のこの強い意志は最後まで継続する！」という謎の自信を持ちがちです。しかし、**この自信を受験直前期まで持ち続けられる方はそう多くないのが現実**なのです。

結局、さまざまな誘惑や欲望に負けて計画通りに学習が進まず、「書籍代数冊分の出費だから……」と言って挫折する方も多いので、スクールや講義のメリットは見逃せないところではあります。

この点を重視してスクールを選択するという方は、スクールの指導と本書による勉強法をうまく併用して、学習を進めて行なってもらえればと思います。

また、独学を選択するという方は、独学の弱点を補うべくモチベーション対策をしっかり行なって（4章26項参照）、この落とし穴に落ちないようにしてください。

6 総学習時間の目安

学習計画として、はじめに考えなければならないことは、**合格するにはどれくらいの学習時間を確保するべきか？**　ということです。

この点、「行政書士試験！　合格道場」の利用者アンケート（有効アンケート総数1031名）をもとにして分析した数値では、合格に必要な総学習時間の目安は、**初学者で700〜800時間**となっています。

また、前年に受験経験があるなど、一定の学習経験がある方については、そのアドバンテージ次第というところもあるので一概には言えませんが、一応の分析数値では500〜600時間程度が総学習時間の目安となっています。

目安とはいえ、それぞれの生活事情が異なる中で一律に700時間だ、800時間だと言われても、「自分はムリ！」という思いが先行するかもしれません。

特に社会人の受験生が多い行政書士試験においては、仕事や主婦業などと勉強を両立させることが非常に大きな壁になります。

仕事をしていれば、人との付き合いをおざなりにはできないでしょうし、残業をすることもあるでしょう。子供がいれば勉強ばかりというわけにもいかないでしょうから、これだけの学習時間を計画上で確保するというだけでも、難しいことです。

また、ちょっとした隙間時間をうまく組み込んだり、家族の理解や協力を得たりして、なんとか計画上で学習時間の確保ができたとしても、仕事などで疲れている中、実際にその時間を学習にあてるというのは、そうたやすくできることではありません。

しかし、合格するための要素として、学習の質であったり、個人の資質であったりというのに劣らず、やはり**学習の量というのは重要な鍵**になります。

実際、分析したデータでも受験生全体の平均学習時間に比較して、合格者全体の平均学習時間は例年１００~２００時間は多くなっています。ですから、合格するためには乗り越えなければならない壁であると捉えてください。

なお、教材の中には、ここで私が示した時間より少ない時間を提示しているケースもあります。

それは近年の試験の難化が反映されていないなど不確かな情報に基づいていたり、短い期間・時間での合格を謳ったほうが教材が売れるなど、営利的な操作がなされていたりすることがあるからです。

耳あたりの良い情報に流されることなく、しっかりと学習時間を確保する計画を立て、それを実行するようにしてください。

7 学習期間と1日の学習時間

前述した初学者が合格に必要な総学習時間700〜800時間を消化する期間は、9カ月程度を基準にして考えてください。つまり、**2月前後から学習をスタート**させるのが、オーソドックスな計画となります。

1日単位で考えた場合、**1日約2時間で休みの日に少し多めに学習するか、1日約3時間の学習**をしていくことになります。

1日あたりの学習時間を増やして期間を短縮させる計画にする分には構いませんが、それとは逆に、1日あたりの学習時間を減らして期間を1年以上に設定する計画は避けてください。

受験生から話を聞くと、「学習が趣味のようになっているから」「数年越しで合格を目指そうと思っているので」などの理由で、こういった計画を立てる人も少なくありません。

このような計画の場合、学習の進捗が遅く、前にやったところに戻ってくるのにかなり期間が開くことになるため、「3歩進んで2歩戻る」ならまだしも、「3歩進んで3歩戻る」で、一向に成長しないということもありえます。いわば、**非効率学習の典型**というわけです。

また、本試験が3時間であるという観点からも、1日の学習時間は長く取りたいところです。

人間が持続できる集中力というのは、1時間程度といわれています。その意味で、本試験の休憩なしで3時間というのは、かなり過酷なものといえます。

ちょっと訓練したからといって集中力を3時間持続できるようになるわけではありませんが、少なくとも学習過程においてこの「休憩なしで3時間」というのを、幾度と体感しておく必要があります。

また、再受験生の場合は、ブランクが開けば開くほど、取り返すのが大変になりますので、なるべく早目の学習再開を意識してください（詳しくは8章54項）。

この点に関するデータとして、受験回数によって、合格率にさほど大きな差は出ていません。不合格が続いていることに対して卑屈になる必要はない反面、**アドバンテージがあ**

るからといって、そこに胡坐《あぐら》をかくこともできないということに注意してください。

たとえば、3月頃までは前年に覚えた知識を忘れない程度に1日1～2時間を目安に学習を進めて、4月頃から学習を本格化させるのが定石です。

縁起の悪い話ではありますが、170点台を繰り返してしまう方は、少なくありません。「あと一歩」という油断は大敵です。

前年より難化することも考えられますし、また、170点以上の成長は1点1点が大きな壁となりますので、前年のアドバンテージに安心することなく学習を進める必要があります。

8 各分野の学習配分

ここでは、学習の全体像をつかむために、各分野のおおよその学習配分について説明しておきます。

行政書士試験は非常に広範な出題範囲となっているため、**闇雲に出題範囲の全てを深く学習しようとすると、いくら時間があっても足りません**。

私もその傾向があるので偉そうなことは言えませんが、職人気質の性格の方の場合、追究心が邪魔をして1分野に時間をかけすぎて学習のバランスを崩しがちです。

嫌な言葉ですが、合格のためには「妥協も必要」なのです。

どうでもよい論点が気になり、そこを追究して調べて、気がついたら1日が終わっていた……なんてことをしてはいけません（かつての自分への反省も込めて）。

話がそれましたが、どうしたって分野ごとにある程度の強弱をつけた学習というのは、求められることになります。

そして、その参考になるのが、**本試験の得点配分**です。

行政書士試験では、たくさん出題科目がありますが、得点の配分自体は、行政法112点、民法76点となっており、この2科目だけで原則的な合格基準である180点を超えています。

ですから、この2大中心科目を攻略することが、合格への最大の鍵ともいえます。

しかし、これに次ぐ配点である憲法（28点）も、配点こそさほど高くないですが、他の科目との繋がりが強いため、軽視することはできません。

たとえば、基礎法学における裁判所関連、行政法における国家賠償法や地方自治法、さらには一般知識等における選挙制度などは、憲法の知識が前提になるところです。

したがって、学習を進めるうえでの中心科目は、**行政法、民法、憲法の3つ**と捉えてください。

ここで注意が必要なのは、中心科目に得点が集中しているということに意識が引っ張られて、逆に中心科目の学習に偏りすぎたバランスの悪い学習に陥らないように気をつけることです。

各科目の学習配分のイメージ

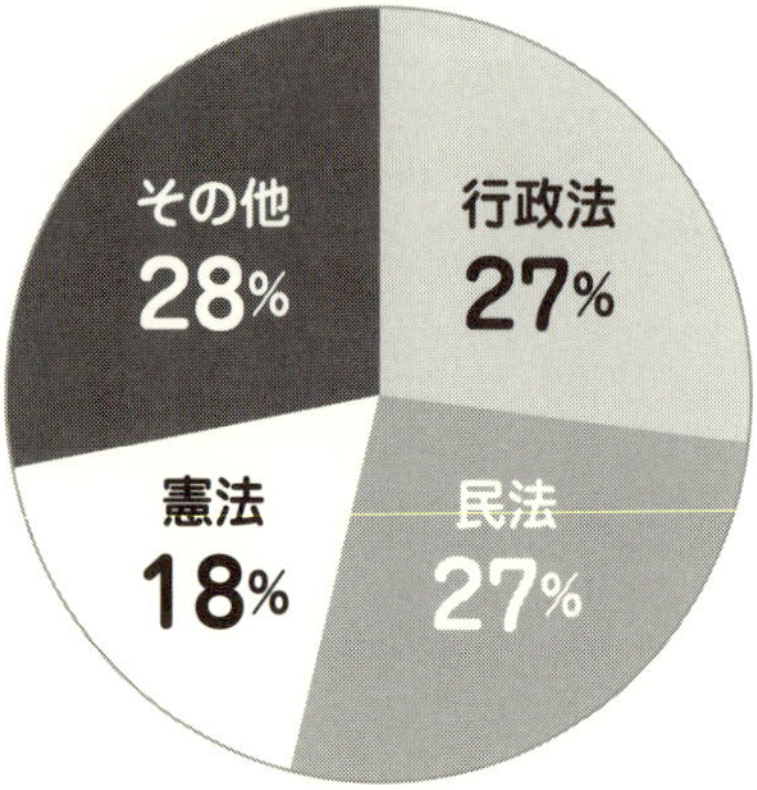

苦手意識のある分野の場合、「なにくそ！　克服してやる」という積極的な思考よりも、「できるだけ避けて通りたい……」という消極的な思考が優先するかもしれませんが、どの分野も最低限はやっておく必要があります。

もちろん、最終的に学習計画が順調に進まず、全ての科目の学習が困難な状況になれば、得点配分の少ない科目から省略するものを選択することになりますが、少なくとも学習計画段階ではそのような考えは捨ててください。

現実論として、中心科目だけで１８０点を超えられるほど、行政書士試験は甘くはありません。**捨て分野を作らない**というのは、合格するための必須の条件となります。

たとえば、基礎法学、商法（会社法）、一般知識等における政治・経済などは捨て分野になりがちですが、こういった分野に点数を稼げる問題が配置された場合（実際にそういった問題構成だった年がありますす）、それが致命傷となって不合格……ということもありうるので、最低限の基礎学習は必ず行なうようにしてください。

以上を踏まえた全体の学習配分のイメージとしては、**行政法3割弱、民法3割弱、憲法2割弱、その他が3割弱**という構成になります。

なお、各科目の出題傾向及び勉強方法については6章で説明していますので、そちらを参考にしてください。

9 学習の流れ① インプット期（前期）

ここでは学習の流れとして、**学習前期の「インプット期」**、**学習中期の「アウトプット期」**、**学習後期の「総合学習期」**の３つの段階に分けてその進め方を説明していきます。

なお、ここから先に出てくる用語である「インプット学習」とは、テキスト等によって知識を頭に入力する学習のことを意味し、「アウトプット学習」とは、問題集等によって知識を頭から出力する学習を意味します。

インプット期は、インプット学習、すなわちテキストを読んだり、「六法」で条文を読み込んだり、ＤＶＤ講義等の音声学習をしたりする学習が中心となります。

ここでの注意点としては、**インプット期だからといってインプット学習のみにならないようにしてください**。

つまり、ある程度までインプット学習が進んだら、その分野のアウトプット学習をするということです。

ここで使うアウトプット学習の教材は、**過去問題集**になります。

よく、過去問題を模試代わりに使用するために、あえて学習の後半まで手をつけないという方がいるのですが、この方法は効率性に欠けます。

過去問題での学習は、テキストなどの内容をしっかり理解できているか、確認的な意味合いもありますが、その他にも、出題傾向の把握ができるため、テキストを読む際に重要ポイントの識別がしやすくなります。また、より多くの回数をこなしておくべき教材が過去問であるという観点からも、**早めに行なうべき**なのです。

また、このインプット期に行なう科目は中心科目のみ、すなわち行政法、民法、憲法となります。

学習を進める順番は、特に重要ではありませんが、憲法と民法が多くの法律の基礎的な知識になることから、一般的には**憲法→民法→行政法**の順が推奨されます。

インプット学習に要する期間は、1日の学習時間にもよりますが、目安としては**憲法が20〜30日、民法が1カ月前後、行政法が1カ月前後**となります。

この期間設定は、少し窮屈なスケジュールとなっており、特に初学者には厳しく感じるかもしれません。

学習スケジュールの目安

期間		科目	備考
3カ月弱	20～30日	憲法 ↓	インプット学習だけではなく、一定分野ごとに、アウトプット学習を多少行なうこと
	1カ月前後	民法 ↓	
	1カ月前後	行政法	

しかし、これは、後述する速読や反復学習を前提にした設定です。１日に進めなければいけない目安のページ数を計算するなどして、それに自分の学習速度を合わせるイメージで、大幅にこの期間を超えないよう意識して進めてください。

また、学習の初期段階で身についた学習ペースというのは、何カ月にも及ぶ受験期間全体を支配することになります。

最初はゆっくり体を温めて、慣れてから後半ダッシュすればいいだろうなどとは思わないでください。

10 学習の流れ② アウトプット期（中期）

アウトプット期に中心とする学習は、過去問題と練習問題になります。ただし、**優先順位は過去問題**と考えてください。

取り組む科目は、インプット期と同様に、原則として中心科目である憲法、民法、行政法となります。

進め方は、基本的に過去問題と練習問題を反復させていくことになります。

注意点としては、盲目的に全問を反復させるのではなく、正誤表を作成したうえで、間違えた問題、不安のある問題をしっかりチェックして、それらの問題については、反復する回数を多くしてください。

こうすることで、効率的にその問題集の正解率を上げていくことができます。

「憲法→民法→行政法」を1クールとした場合、**1クール目と2クール目の間隔をあまり空けない**ことにも注意する必要があります。

これは、期間が空きすぎることによって、学習のスタート地点に戻ってきたときにはその分野をほとんど忘れてしまっている、という事態を防止するためです。

目安としては、**1カ月〜1カ月半程度で1クールを終了する**ようにしてください。

当然、学習時間や個人のスピードによってこなせる量は変わってきます。1クールで練習問題と過去問題をセットで行なうのが難しければ、練習問題（過去問題）のみにしたり、奇数（偶数）番号のみにしたり、特定の難易度のみにしたりなどで調整してください。

そして、正解率と理解率を上げるべく、繰り返し中心科目を反復させていってください（個人差はありますが、**3〜5クールが目安**です）。

また、1クール終了するにあたって期間的に余裕がありそうな場合は、その進捗具合を見ながら、条文の読み込みや、中心科目以外の学習（商法、基礎法学、一般知識等）を行なってください。

特に、一般知識等のうち、最も重要となる文章理解力をつけるのには時間がかかるので、その強化が必要という方は、早めにその対策を取っておく必要があります。

11 学習の流れ③ 総合学習期（後期）

試験の約2カ月前、つまり9月以降が、この総合学習時期です。

巷には「○カ月で合格！」や「○週間で合格！」というフレーズを強調し、あたかも短期間の学習で合格できることを謳った書籍・教材が多くありますが、その大半は、重要論点に絞って掲載しているにすぎず、虚偽・誇張広告に映る部分もあります。

しかし、このフレーズは完全に虚偽・誇張と言いきれないところもあります。

というのは、記憶の持続という観点から、**学習の重要度は試験日の残り期間と反比例するように増していく**ことになり、とりわけ、この時期の学習の重要度は、春先の学習と比較して格段に増します。

つまり、ラストスパートの学習で飛躍的にレベルアップし、実質的な意味で「○カ月で合格！」や「○週間で合格！」ということは、多くの方にありえることなのです。

もっとも、それを実現するには、それまで以上に学習することが前提となります。

ここでやらなければ、一体いつやるのだ！　という時期ですから、学習計画を立てるうえでは、この時期の学習時間はなるべく多く確保できるように計画してください。一番ハイテンションになりやすく、高いモチベーションを維持できる時期でもあるので、多少の無理もこなせるかと思います。

さて、では本題の「この時期にどんな学習をするか？」についてですが、まずは、アウトプット期で手をつけられなかった科目、特に一般知識等（文章理解を除く）はこの時期まで手をつけていない方が多いので、ここで詰め込む感じで学習することになります。

また、記述式対策もこの時期に持ってくるということでも大丈夫です。

そして、全科目についてひと通りの学習が終わった後に、模擬試験（模試）をします（詳しくは3章18項）。

模試で自分の弱点科目が露呈した場合、その弱点を強化する必要が生じますので、**遅くとも10月中旬までには1回目の模試を実施しておきたい**ところです。

さらに、この間にまったく手をつけない科目があると試験までに忘れてしまいますので、模試をそれほど多くこなさない場合は、重要度の高い過去問題を反復したり、要点チェック等のまとめ本を読んだりなどして、総合学習を行なってください。

また、この期間までに順調に学習が進んでおり、時間的に余裕のある方は、再度所有するテキストの読み直しを行なってください。

よく学習過程を表す比喩的な説明で、「〝点〟と〝点〟の知識が結ばれて〝線〟の知識となり、〝線〟と〝線〟の知識が重なり〝面〟の知識になる」といわれますが、**アウトプットを重視した学習スタイルは、とかく〝点〟の知識に陥りやすいリスク**があります。

そういう意味で、この時期に再度テキストの読み直しをすることは、〝線〟や〝面〟の知識にするために効果的な学習方法になります。きっと、同じテキストでありながら、インプット期に読んだときとは違った感覚で読めるのではないかと思います。

もちろん、この時期にテキストの読み直しをすることは絶対的に必要な学習とはいえません。他に優先すべき学習がある方は、まずはそれをクリアしてください。

初受験生のスケジュール例

学習の種別			学習科目	学習時間
2月 3月 4月	インプット期	テキスト等を読む学習が中心	憲法・民法・行政法	平日2時間、休日4時間、合計約240時間
5月 6月 7月 8月	アウトプット期	過去問題集や練習問題集を解く学習が中心	憲法・民法・行政法を中心として、他の科目も取り入れる	平日2時間、休日4時間、合計約320時間
9月 10月 11月	総合学習期	模試を中心にした総合的な学習	全分野	平日3時間、休日5時間、合計約240時間

再受験生のスケジュール例

学習の種別			学習科目	学習時間
4月 5月	インプット期	テキスト等を読む学習が中心	憲法・民法・行政法	平日2時間、休日3時間、合計約130時間
6月 7月 8月	アウトプット期	過去問題集や練習問題集を解く学習が中心	憲法・民法・行政法を中心として、他の科目も取り入れる	平日2時間、休日3時間、合計約230時間
9月 10月 11月	総合学習期	模試を中心にした総合的な学習	全分野	平日3時間、休日5時間、合計約240時間

※学習できない日が発生することを考慮して算出しています。

3章

合否の鍵を握る学習教材の選び方

本章では、私が数千人の独学受験生から情報を収集し、
また、実際に自分で教材を網羅的にチェックした
印象などをもとにして、
適切な教材の選び方について説明します。

12 独学で必要な教材とは？

独学において合否の鍵を握る一つが教材選びです。

ところが、このアドバイスを受けるのは意外に難しいという実態があります。

なぜなら、スクールや市販教材は、選び方は教えてくれませんし（自分のところのものを推奨するため）、合格者からのアドバイスが参考になるとしても、教材を網羅的にチェックしているわけではないので、あくまでも「自分はこれを使った」という程度しか言えないからです。

3章では、数千人の独学受験生の情報や、私自身が各教材を網羅的にチェックした結果などをもとに、適切な教材の選び方について説明していきます。

行政書士試験に必要な教材としては、まず**テキスト**と**過去問題集**が挙げられます。これは、従来から絶対的に必要とされていた教材であり、今なお学習の中心をなす教材となります。

また、以前は、**練習問題集、模擬試験、六法**は必要ないという声も多くありましたが、近年の試験難化を見るに、それに準じて必要な教材にあたります。

さらに、最近では、費用対効果が高いとして**音声講義**を活用する方が増えています。基本的にテキストの補助的な役割を担うものであるため、必須の教材とまではいえませんが、効果は期待できるため、検討する価値は十分あります。

次項からは、これらの主要教材の特徴や選び方について説明していきます。

なお、付属の教材として、最近では、行政書士試験用のゲームソフトやＰＣソフト、携帯電話のアプリケーションなどの販売もされていますが、まだ種類や用途が限定的なため、本書の説明では割愛しますが、学習の補助・付属という形であれば検討してみてもよいかと思います。

13 テキスト

行政書士試験に使われるテキストは、大きく分けて3種類あります。

全分野が1冊にまとまった行政書士用のテキスト（一冊本）と、大手スクール等が出版している各分野に分かれた行政書士用のテキスト（分冊本）と、学者が書いた司法試験等に用いられるテキスト（学者本）です。

ここでは、それぞれについて説明していきます。

●一冊本

一冊本は、読みやすいものが多く、また、重要なところを効率的に学習できるという点で優れています。一方、書籍のスペースの都合で、試験に必要な詳細のところまで解説できないため、どうしても穴の開いた知識になりがちです。

初学者が「とりあえず」という形で使用したり、補助的な教材として使用したりする分にはよいですが、最後まで主要の学習教材として使用するには、やや心細いでしょう。主要の教材として使用する場合は、**その足りない知識をアウトプット学習でかなり補わなければならない**ということを意識し、教材を組み合わせる必要があります。

●分冊本

分冊本は、インプット期の学習量としてバランスが取れており、他の教材との組み合わせの自由度も高いので、私は通常これを推奨しています。

分冊本を推奨するといっても、何種類も出版されているので、特に初学者は、内容の良し悪しや質などわからないし、どれを見ても「おすすめ！」とか「これが決定版！」などと書かれているので迷うかと思います。

分冊本を選ぶコツは、厚めの本のほうが良本といわれる傾向にあるので、単純にそこで判断してください。これは、同じことを解説するにしても、事例を挙げたり、噛み砕いて解説したりすれば必然的に文章が長くなり、厚めの本になってしまうからです。

厚さが同じくらいであれば、あとは見やすさ、読みやすさなどの観点から、自分の好みで判断して構いません。内容から判断しなくていいのか？　と思ったかもしれませんが、基本的に行政書士用のテキストで全ての論点を掲載しているものはなく、どこかに抜けはあります。そういった論点の知識は、アウトプット学習を介して補充していくことになるので、同じ厚さの分冊本であれば、あまり内容は重要ではありません。

なお、『確実に突破する！「行政書士試験」必勝テキスト1』『確実に突破する！「行政書士試験」必勝テキスト2』（三木邦裕・太田孝之、同文舘出版）は二分冊のテキストです。参考にしてみてください。

学者本

近年、試験の難化を受けて、学者本の必要性を主張する方が増えており、特に再受験生は、自分が初学者でないことを誇示したいのか、こういった書籍を使いたがる傾向にあります。

確かに、学者本にしか載っていない論点も出題されてはいますが、**それと合格するために必要であるかどうかは別問題**です。もっと基礎的な論点をより正確に学習するほうが、合格するのに効率は良いです。

特に、私の推奨する勉強法では、アウトプット学習をかなり重視するので、インプット学習で学者本を使うと消化不良になる可能性が高くなります。

再受験生等でもともと高いレベルである場合や、学習計画によほど余裕がある場合は使ってもよいと思いますが、そうでないならば使用は避けるのが無難です。

14 音声講義

音声講義は、ひと昔前までは各スクール等が販売している高額のものしかありませんでした。しかし、現在ではインターネットなどで、低額の音声・映像の教材が複数販売されています。

形式としては、DVD化されているものと、インターネット上でダウンロードして視聴するものがあります。価格は、ばらつきもありますが、安いものだと1万円くらいからあります。私もいくつか内容を確認しましたが、低価格でも内容が結構充実している印象を受けます。

書籍は学習する場所や時間が限定されるのに対し、音声講義は**隙間時間を有効利用できる**というメリットがあります。たとえば、満員電車に乗りながら、歩きながら、家事をしながら……といった、いわゆる「ながら学習」の幅を広げる教材といえます。

合格に必須の教材とまではいえませんが、特に学習時間の確保が難しく隙間時間の活用が必須な人の場合は、補助的な教材として購入を検討してみてください。

15 過去問題集

どの種類の資格試験においても、過去問題の学習や研究というのは重要であり、それは行政書士試験でも例外ではありません。

近年の試験の難化を受けて、過去問題の学習だけではなかなか点数に結びつかないことを理由に、過去問題の学習はあまり意味がないと論ずる方もいますが、それは大きな誤りといえます。

確かに、過去問題の文章をほとんど変えずにそのまま出題されるというケースは、それほど多くはありませんが、過去問題で問われた趣旨や論点を理解していれば解ける問題というのは、非常に多くあります。

また、過去問題学習は、**単に論旨や論点を覚えるだけではなく、どのような出題傾向にあるのかを把握する**意味もあります。

過去問題での学習を行なわずに本試験に挑むのは、敵を知らずに戦いに挑むのと等しい行為です。ですから、過去問題の学習は合格するために必須と捉えてください。

では、どのような過去問題集を選べばよいかですが、まず過去問題集の種類には、「年度別」になっているものと、「法令別」に並べ替えているものの2種類があります。

私の推奨する勉強法では、インプット学習の際にそれと並行して過去問題を学習するので、**法令別に並べ替えてある過去問題集**を購入するようにしてください。

続いて、その法令別の過去問題集の選び方についてですが、過去問題集において一番重要なのは解説になります。これは、過去問題学習では、問題を解くことと同等、ないしそれ以上に解説を読むことが重要になるからです。

書籍においては、スペースの都合上、詳しすぎるということはほぼありません。むやみやたらに詳しすぎるのは記憶の邪魔になりますが、問題と同等、ないしそれ以上の文字数・スペースを使って解説している過去問題集は、経験上そのほとんどが良書です。

つまり、**単純明快に解説の量を重視して選んでください**。

逆に、解説がほとんどついていない問題集については、外出先での学習が多く薄くて持ち運びに便利など、用途を限定して活用するのであればよいでしょうが、主要教材として繰り返し使うのには不向きです。

この点、初学者の場合、解説はスッキリ・アッサリしているほうがサクサク進められるからいいと感じている方もいるかもしれませんが、「記憶」という観点からいえば、結局は遠回りになります。

たとえば、次の4つの文字列または文章を記憶するとした場合、

①заучивать
②35897932384626 4
③砂、夜、ムラサキ、白湯、徒歩、可否、鳥栖市、屋敷
④あなたは、この文章を長期にわたって記憶することができると思いますか。

覚えやすく、記憶の持続がしやすいのは④→①の順になると考えられますが、文字数は①→④の順に多くなっています。

つまり、無機質で無意味な文字列より、たとえ文字数が多くても、意味があり、それを理解できる文章のほうが覚えやすく、記憶の持続がしやすくなるということです。

これは、問題集選びだけではなく、普段の学習においても通じるところです。

一夜漬け勉強でよく見られる、解説の意味を理解するよりとにかく丸暗記という学習方

法は、難易度の低い試験や問題には通用しますが、**思考型等の難問が増えている行政書士試験では、必ずしも有効な方法ではありません**。

問題集の解説にしろ、テキストの説明にしろ、アッサリした内容を漫然と読むだけでは記憶の定着にはあまり役に立たないということです。「そうか！」と腑に落ちて初めて、長期に記憶することができ、結果としてそれが合格への近道となります。

※①はロシア語で「しっかり学ぶ」という意味、②は円周率の10〜25桁、③は円周率の10〜30桁を数字仮名置換法（記憶術の一つ）で日本語に置き換えた単語列です。

16 練習問題集

「行政書士試験は、過去問題さえしっかりやっていれば合格できる」という方がいます。

確かに、法律の学習経験があったり、インプットをよほど強化していたりする場合は、アウトプット教材は過去問題集のみでも合格する可能性があります。

しかし、可能性があるというだけで、合格に十分とは言えません。

特に、私が推奨している勉強法ではアウトプット学習を重視するため、**過去問題集のみだと合格する可能性は極めて低くなります**。


前の項目では、過去問題は重要である旨を述べましたが、これは決して過去問題だけで合格できるということを意図するものではありません。

実際、近年の過去問題を分析すると「過去問題の知識」+「ちょっとした法的思考力」で解ける問題は、法令択一40問のうち、10～15問程度です。

記述式が高得点であることを想定しても、合格するには法令択一で25問程度は正解しておく必要があります。データ上からも、過去問題集以外のアウトプット教材（練習問題集や模試など）が必要なのは明らかです。

また、記憶の定着という観点や学習の楽しさという観点からも、アウトプット学習のほうがインプット学習より優れていますので、独学の場合はアウトプットを重視する学習のほうが合理的といえます。

たとえば、ゲームや携帯電話などで、いきなり説明書を読んでもそれほど興味も湧いてこないし、理解もしにくいので、そこはほどほどにして、とりあえず実際にやってみてから覚えるという方は多いと思います。アウトプット学習を重視する本書の学習方法も、その考え方に通ずるところがあります。

もっとも、あまりにアウトプット学習に偏ると〝点〟の知識の状態になりえますので、そのバランスを調整することは必要です。

具体的な練習問題集の選び方ですが、まず量については、**2～3冊**程度はこなしたいところです。

この2～3冊については、本来であれば全て「行政書士試験用の練習問題集」を選びたいところなのですが、それほど多くは出版されていないため（練習問題集としつつも半分近くが過去問題で構成されているものが多い）、1冊は「行政書士試験用の練習問題集」としてもよいですが、その他は**他試験の過去問題等で代用する**ことになります。

その代用する書籍としては、「公務員試験過去問題集」「法学検定3～4級」「司法書士試験過去問題集（民法）」などがあります。ただし、「司法書士試験過去問題集（民法）」は難易度が少し高いので、余力がある場合に限定されます。

また、練習問題集を選ぶ際には、過去問題集の項目でもお話ししたように、解説の量が充実しているかどうかで決めてください。

それから、記述式対策の学習も必要となりますので、行政書士試験用の記述式練習問題集も別途必要になります。こちらは各出版社から多数出版されていますが、問題の質にかなり差があるので、推奨できる具体的な書籍として『行政書士40字記述式過去問＋予想問題集』（成美堂出版）、『行政書士記述式問題集』（TAC出版）を挙げておきます。

なお、インターネット上で学習ができる方の場合は、私が運営する「行政書士試験！合格道場」でアウトプット教材を全部セットにして紹介しています（年度別の過去問は全て無料で公開）。

17 六法

行政書士試験の学習に『六法全書』が必要か？ というのは、教材購入するにあたって湧き上がる議論の一つです。近年の試験難化に伴って、「必要ない」と唱える方は少なくなってきており、特に受験生を指導する立場にある人で必要ないといっている方は皆無というのが現状です。

私の意見としても、やはり必要だと思います。

というのも、**学習していれば結構な頻度で、条文を調べる場面は訪れる**からです。

逆に、ある程度学習が進んでいるのに、調べる場面がほとんど訪れていないという方は、天才か、頭を働かせずに読んでいるかのどちらかだと思います。

条文自体は、ネット上で確認することもできますが、「六法」がないと、その都度パソコンを立ち上げて調べるという手間が生じて無駄が多くなってしまいますし、疑問に感じているのに調べないという事態にも繋がってしまいます。ですから、独学学習には必須といえるのです。

では、どのような「六法」を購入するべきでしょうか？

まず、簡単に「六法」の種類を説明すると、大別して「判例付きの六法」「判例なしの六法」「判例付き行政書士試験用六法」の3つの種類があります。

本来の「六法」とは、憲法・刑法・刑事訴訟法・民法・民事訴訟法・商法を意味しますが、通常の六法でも、かなり薄いものでなければ、行政書士試験に必要な法令はほとんど掲載されているので、行政書士試験の学習で使用することができます。

どの種類を使うべきかについては、意見が分かれるところです。「合格後に別の試験を受けるにしても、実務家になるにしても、今のうちから本格的な『六法』で慣れておくべき」という意見がある一方で、「『六法』は法改正によって買い換える必要があるから、行政書士試験に特化した『六法』のほうが、見やすさや使いやすさの観点からよい」という意見もあります。

これは好みによるところも大きいので、どちらにすべきと断定できるほどの差はありませんが、どちらかと言えば、私は**行政書士試験用の「六法」がよい**のではないかと思います。先のことも大切ではありますが、とりあえず合格しなければはじまりませんので、目の前の試験に対して最善のものを使用したほうがよいでしょう。

18 模擬試験（模試）

模試は、単純にアウトプット学習という意味だけでなく、**本試験により近い形式で行なうことによって、時間配分等の感覚を養ったり、自分の弱点やレベルを把握したり、緊張対策をしたりする**ことができます。

特に行政書士試験では、時間配分ミスと緊張で力を出しきれなかったがために涙をのむ方が多いので、合格するために必要になる学習です。

もっとも、これは学習の後半で使うものなので、春先にあわてて購入を検討する必要はありません（春先に販売されているものは前年度版の売れ残りが多いです）。

模試には、スクール等が出版している書籍の模試（**市販模試**）と、スクール等が実施している会場で受験する模試（**会場模試**）があります。

まず、市販模試についてですが、1500～2000円くらいで2～3回分入っているものが、各社から夏頃にたくさん出版されます。これを**最低1冊、余力があれば2冊以上**

こなしておきたいところです。

選び方については、これも練習問題集・過去問題集と同様に、解説が充実しているものを選んでください。また、より実践的に行なえるという観点から、**マークシートが入っているもの**を選んでください。

次に、会場模試についてですが、費用はスクールによって違いはあるものの、大体1回3000〜6000円程度です。

市販模試でもある程度は時間配分や自分の弱点の把握はできますが、本試験独特の緊張感に近い経験をしておくという意味で、**特に初受験生はスクール等の模試を受けるメリットは大きい**と思います。

また、市販模試は「本試験レベル」と表示していても、実際には本試験に比べてやや易しいものが多いのに対し、スクールの模試は本試験の難易度にかなり近いため、本当の自分のレベルを知るのにも適しているかと思います。

ひと通りの学習が終わり、学習計画の見直しが図れる10月上旬頃に、一度は受験することを検討してみてください。

19 再受験生は教材を買い替えるべきか?

再受験生は、前年度に使った教材を買い直す必要があるでしょうか?

結論から言いますと、**無理に買い替える必要はありませんが、余裕があれば検討してみてもよい**ということになります。

その理由として、「不合格になったにもかかわらず、その教材をそのまま使ってよいものか?」、「法律改正、新しい判例、試験傾向の変更という観点からまだ使えるのか?」という2つの観点から説明いたします。

不合格になったにもかかわらず、その教材をそのまま使ってよいものか?

「私の使っていた○○のテキストは、試験に対応しきれていなかった」という声は、非常に多く聞きます。しかし、行政書士用のテキストを使っている限りでは、大なり小なりそういう現象は起きます。先にもお話しした通り、市販教材の行政書士用のテキストで、全てをカバーしているものは、まずないと考えてよいでしょう。

では、専門書を使うべきか？　というと、これはこれで重要なところがぼやけて薄い知識となってしまいがちなので、学習時間をよほど確保できる人でなければ非効率です。

行政書士用のテキストが全てをカバーしきれていないのは、スペース等の関係で削っているということもありますが、合格するためへの効率性という観点から、ある程度絞らざるをえないというところもあります。

ですから、**テキストでは知識の骨組みを作る程度に捉えて、問題集で血肉をつけるのが、一番合理的な進め方**だと思います。

それと、厳しいことを言いますと、不合格の敗因を単にテキストへ責任転嫁している方も少なくないようです。テキストを見直してみると実は載っていました、という話は少なくありません。そういう意味で、学習を再開するにあたっては、今一度、敗因分析してみるのもよいかと思います。

ということで、この観点からは、よほど問題点のある教材でなければ、**無理に買い替えなくても大丈夫**です。

●法律改正、新しい判例、試験傾向の変更という観点からまだ使えるのか？

「法律も判例も生き物であり、古いものなど使えない」と言う方がいます。実際、ネット上のショッピングサイト等で見ると、法律系の本は、年数が古くなると驚くほど安く売っているのですが（かなり古いと1円というのも多いようです）、それだけ価値がないと考えている方が多いということであり、ある意味正論だとは思います。

ただ、現実的には、**よほど大きな改正がない限りは、1～2年程度前のものであれば特に不都合なく使えます**。もちろん、細かな法改正や新しい重要判例などのチェックは必要となりますが（『行政書士試験！合格道場』のQ&A集でも確認できます）、そういったチェックは新しいテキストに買い替えた場合でも必要になるものです。

また、近年の試験傾向の変更についても、平成18年のような試験制度自体が大きく変わった（記述式や多肢選択式の導入など）となれば別ですが、小さな変更はテキスト自体も対応しきれていないことが多いので、それほど気にしなくてよいかと思います。

ということで、この観点からも、無理に買い替える必要はありません。

もっとも、同じ内容でも違う角度から説明されることで知識に厚みが出るというメリットはありますし、また、気分を一新させるといったモチベーション面での役割も担うので、懐に余裕があるのであれば、買い替えを検討してみてもよいとは思います。

4章

学習の鉄則
（全期共通・インプット期編）

本章と次章では、本書の勉強法の真髄ともいうべき、
学習する際に固く守ってほしい
ルール（学習の鉄則）を説明します。
本章では、特に全期共通及びインプット期における
学習の鉄則について述べていきます。

20 なぜ鉄則が必要か?

私は、毎年、試験後には多くの受験生から報告・相談を受けていますが、その中には「私の頭では到底合格できないと感じた」「いくら努力しても私には合格できない試験に感じた」など、不合格になったことによって**自分の本質的な能力に対して疑心暗鬼になっている方も少なくありません**。

しかし、その方たちからよく話を聞くと、不合理・非効率な学習方法を用いていたり、単純な努力不足であったりなど、敗因はその方の本質的な能力以外にある場合が大半です。実際に、そう嘆いていた方が、私のアドバイスを参考にして翌年合格したという例は、枚挙に暇がありません。

ここまでにも説明してきているように、行政書士試験は、天才でなくても合格することができますし、独学であっても合格することができます。

もちろん、合格率1桁台で推移している事実が物語るように、気の向くままに適当な学習をして合格できるほど甘い試験ではありませんので、合格するには、努力の他に、合理性・効率性の追求も不可欠です。

そして、合理性・効率性を追求する具体的手段が、これから説明していく「**学習の鉄則**」ということになります。

これまで学生時代の学習を含めて、既に皆さんが実践してきている内容もあるでしょうし、初めて聞く内容もあると思います。これまでの学習スタイルと矛盾しないものは取り入れやすいでしょうが、相反するものについては、当然これまでの学習方法なり考え方なりを捨てなければいけなくなるため、躊躇があるかもしれません。

しかし、ぜひともそれらについても、勇気を持って取り入れてください。

私が数千人の受験生とのやりとりを通したうえでの結論として、鉄則を守れば合格へ近づくのは確かです。

21 スピードを重視せよ！

2章「学習の流れ」では、具体的な分野ごとの期間を示して説明しましたが、テキストにしても問題の解説にしても、精読（しっかり時間をかけて丁寧に読むこと）しながら進めた場合、大半の方は提示した期間通りには進められなくなってしまいます。

というのも、私の推奨する勉強法は、**速読（流し読み）でスピードを重視する**ことを念頭に置いているからです。

こうする理由は、一度に時間をかけて読むよりも、**なるべく速く読んで、その余った時間で反復させるほうが学習の効率性が上がる**からです。

速く読むことに慣れていない方にとっては、最初に読んだ時点では、「しっかりと頭に入ってきていない」「かなり雑な理解になっている」「これでは問題が解けない」と感じるかもしれませんが、それでも「スピード重視」を貫いてください。

そもそも精読したからといって、最初からしっかりと理解して、問題がスラスラと解けるようにはなりませんので、大きな問題点とはいえないのです。

人の記憶のメカニズムとして、短中期記憶（1分～1カ月程度で忘れる）と長期記憶（それ以上の記憶）とでは、記憶を蓄積しておく脳の箇所が異なると考えられています。具体的には、まず大脳辺縁系の海馬で記憶し、それが大脳へ移動し長期記憶になると考えられています。

そして、本来、長期記憶にならない記憶であったものを一定期間内に反復させたりすることによって、長期記憶させることが可能となります。一般にこれを「リハーサル効果」といいます。

2章でお伝えした「学習の流れ」で、インプット期にアウトプット学習を取り入れたり、アウトプット期に中期の反復学習を組み込んだりしているのは、「リハーサル効果」によって**短中期記憶→長期記憶とスムーズに移行し、それを持続させる**ことを前提にしています。

ですから、仮に1日の学習時間が多く確保できていて、精読によって私の示した学習期間内通り進められるという場合であっても、流し読みによって進めて、その余った時間は反復回数を増やすことに使ってください。

ただし、注意点として、**スピード重視の学習方法があてはまるのは、テキストと、条文、解説を読むときだけ**です。

問題を解く行為自体は、はじめからスピード重視を意識しないでください。特に、初学者においては、最初から解く時間を気にしすぎるのは、逆に学習の効率性を落とします。

近年の試験傾向としては、単純な条文問題等の暗記に頼った学習では対応できない法的思考力を問う問題や、現場思考型の問題が増えていますが、これらに対応できるようになるには、**普段の学習でもよく考えることが必要**となります。序盤から中盤に問題を解く際は、時間よりもこの点を重視してください。

たとえば、「誤っている肢はどれか?」という問題で、肢1と肢2は正しいとわかったが、肢3~肢5の判断がつかない場合、早々にあきらめて「正解は肢3~肢5のどれか」と曖昧な結論を出して解答・解説へ進むというやり方では、この思考力が鍛えられません。

わからないなりにも、「あの法律ではこうなっていたから」「常識的にいけば」「法の趣旨に沿って考えると」という感じで、自分の現状有している知識を総動員して、しっかり自分の中で理由をつけて解答することで、考える力が鍛えられていきます。

こうやってよく考えたうえで解いた問題というのは、早々にあきらめて進めていく場合に比べて大変疲れはするものの、たとえ不正解でも記憶に残っていきやすいのです。結果的に見れば、時間効率の良い学習方法といえます。

もちろん、本試験では制限時間がありますので、1問あたりに配分される2分30秒弱（見直し時間、記述式等を考慮した五肢択一式1問の制限時間）というのをいずれは意識していかなければなりませんが、これは中盤から終盤にかけての学習で養っていってください（5章28項参照）。

22 ノート作りはするな！

私の推奨する勉強法では、ノート作りは原則として行ないません。

理由は、前の項目で説明した「スピードを重視せよ！」と通ずるものですが、**ノート作りは時間がかかりすぎて効率が悪い**からです。

司法試験や司法書士試験を目指している方など、大量の学習時間を確保していれば別ですが、少なくとも行政書士試験のみで考えた場合は、学習のバランスを崩すことにも繋がります。

重要ポイントのメモや補足的なメモについては、テキストや六法に直接、鉛筆など修正できる筆記用具で書き込んでいってください。

うろ覚えになる箇所は増えてしまいますが、択一式問題については、それでも十分対応することができます。

もちろん、記述式の学習では、多少ノートに書いて解くことが必要となりますし、また、暗記項目についてノートに書いて覚えることもあるでしょうから、まったくノートを使わないということではありません。あくまでも、オリジナルのまとめ本を作るような勢いできれいなノート作りをするのは避けるべきということです。

自分用のまとめノートは、「最初は作るのに時間がかかっても、後から見直すのにも役立つから、結果として効率が良いのではないか？」と考える人もいます。

しかし、適切で効率性のあるまとめノートを作るのは大変難しいことです。時間がかかるだけではなく、**学習段階で作っても誤りだらけの内容になるおそれがある**ため、誤った理解で記憶を定着することにも繋がります。

私も、受験生へ提供する教材として、まとめ資料的なものを作成することはありますが、私であってもその種のものを作成するときは何度も何度も書き直しをして、時間をかけて作成します。受験生である皆さんは、なおさらそのような状態になってしまうと思います。

したがって、原則としてノート作りはせず、その時間を反復学習に費やすようにしてください。

23 インプット学習は能動的に！

インプット学習には、大きく分けてテキスト等による視覚的な学習と、音声講義等による聴覚的な学習がありますが、いずれも**覚えようとして頭を働かせないと、その効果は薄く、記憶には残っていきません。**

ある意味、当たり前のことともいえますが、それを意識している方と、意識していない方では、覚えるのに必要な反復回数や記憶の持続に差が生じてしまいます。

たとえば、海外の字幕入り映画でたくさん英語を聞いたからといって、そう簡単に英語がしゃべれるようにはなりませんし、毎日見ている駅の階段の数を覚えていないのもその理屈です。

アウトプット学習では、問題を解いてその疑問を解説でひも解くという過程の中で、必然的に頭を働かせて覚えることが組み込まれているのですが、インプット学習では、その辺を意識しないと、**ただ聴いているだけ、ただ読んでいるだけ、という状態に陥りやすく**

なります。

特に音声講義等の聴覚的な学習では、学習時間を多く費やすため、すごく勉強した気分になりますが、それが後の結果に繋がらないと、自分の本質的な能力に対して疑心暗鬼にもなってしまいます。

繰り返しますが、基本的に、行政書士試験で本質的な能力不足で合格できない人はほとんどおらず、その大半は努力不足だったり、勉強法が悪かったり、コツを知らなかったりするのが原因です。

では、インプット学習の際に、どうやって頭を働かせるのでしょうか？

これは、単に「覚えよう、覚えよう」と頭の中で連呼したり、抽象的に意識したりしろということではありません。もっと**機械的に、自分に合った頭の働かせ方**を見つけ出す必要があります。

その方法として、「ラインを引く方法」と、「その他の方法」に分けて説明いたします。

●ラインを引く

書籍を大切に使いたい、テキストを汚したくないなどの理由で、テキスト等へのライン引きをやりたがらない人もいますが、個人的にはテキストや六法は**汚してなんぼ**、だと思います。

もちろん、むやみやたらに「汚せ」ということでなく、ラインやメモを書き込んで、また、何度も開くことによって「汚せ」という意味です。

テキスト等へラインを引くことは、繰り返し読む際に重要なところを見やすくするという効果もありますが、ラインを引くには**必然的に重要ポイントを探すべく頭を働かさないといけない**ため、ここにいう「機械的に頭を働かせる」ことに繋がります。

最初は、お門違いなところにラインを引くこともあるかもしれませんが、この頭を働かせるという効果のためにも、あまり細かいことは気にしないでラインを引いていってください。

また、より頭を働かせるという意味では、重要ポイント、過去問論点、自分が間違いやすいポイントなどによってラインの色分けをするのも効果的です。

後から修正したければ、消しゴムで消せる色鉛筆を使ったり、鉛筆による黒1色で波線や二重線など線の種類を変えたりするのもよいでしょう。

最もオーソドックスで、簡単にできる方法ですが、意外にその効果は高いです。

ただ、この方法は、一度ラインを引いてしまうと二度目以降は使えず、また、そもそも最初から色分けされているテキストでは効果が薄れるので、必ずしも万能な方法ではないという弱点もあります。

その他の方法

では、ライン引き以外だとどのようなものがあるでしょうか？

たとえば、以前テレビで「あるニュース解説者の方は、本を読む際には常にどうやってわかりやすく解説するかを意識して読んでいる」という話が紹介されていましたが、これも一つの方法です。

これを少し自分流にアレンジして、法律実務家を目指している方であれば、依頼者にどうやって説明するかとか、自分が講師の立場ならば、こう説明してあげるとか、子供がいる方であれば、子供にどうやって噛み砕いて説明するかなどを意識して考えることで、機械的に頭を働かせてインプット学習していることになります。

また、私の場合、仕事として多くの法律の問題を作っているため、本を読むときは常にこの論点をどう質問したり、どう問題にしたりしようと**考える癖**がついています。

この方法も受験生的にアレンジすれば、本試験ではどういう感じで出題されるかを想像してみたり、40字記述式を意識して読んでみたりすることに置き換えることができます。

この他にも、**具現化・具体化させるという記憶方法**があります。たとえば、行政法であれば、実際に役所の窓口に行ったときのことをイメージして読んだり、民法であれば、全て身近な知人に当てはめて読んだりというのが、この種の定番的な方法です。

また、少し変わったものでは、講義は常に何を質問するかを考えながら聴くというのも、機械的に頭を働かせてインプット学習していることになります。

記憶の持続や効率性を高めるコツの一つとして、インプット学習する際には、この辺を意識してください。

24 正解率・理解率は90％以上にせよ！

既に説明した通り、行政書士試験では、３００点中１８０点、すなわち60％の正解率で原則として合格となりますが、普段の学習でもこの60％という確率を基準にして学習を進めてしまう方が少なくありません。

具体的に言うと、普段使用している教材の練習問題、過去問題、模擬試験の正解率を60％以上で「よし」として学習を進めてしまうという方が結構いるということです。もっと言えば、テキスト等の理解度も60％でよいという感覚で進めてしまう方がいるということです。

もちろん、自分の実力を知るためという意味では、１周目の練習問題や模擬試験の結果は60％以上取れているかどうかが基準の参考になりますし、テキストも最初から高い理解度が必要なわけではありません。

しかし、「最終的に」という意味では、**自分の使用している主要教材についての正解率・理解度は90％以上に仕上げておく**という意識が必要です。

過去問題を解いている際の感覚として、「結構、簡単」という印象を持っている方は多くいます。簡単とまでは思わなくても、聞いたことのない論点や奇問は、そんなにたくさんは出題されていないという印象は受けると思います。

これらの印象がもととなって、本試験を甘く見てしまいがちになります。

しかし、過去問題を解く際に「結構、簡単」と感じるのは、テキストにしても練習問題にしても、基本は過去問題をベースにして作成されているからです。また、過去問題を何度も繰り返し解く過程で「過去問題＝簡単」と刷り込まれた錯覚ということもあります。

しかし、**本試験では難問・奇問がたくさん出題されます。**

つまり、錯覚に陥った方のイメージでは、「知っている論点」ばかりが出題されて、そのうちの60％を正解するという感覚ですが、実際の本試験では、①知らない論点の問題、②知っている論点の問題、③①と②の中間的な問題が、それぞれ3分の1程度の割合で出題されるということです。

そうすると、理屈上、②をほぼ確実に取らないと全体で60％以上にするのが難しくなります（例：①30％＋②90％＋③60％＝全体60％）。

普段の学習に使っている教材は、多少①に属する論点があっても、その大半は②と③に属する論点ですから、②と③に関する知識が60%程度という状態では、**勝負にならないと**いうわけです。

ですから、普段の学習ではこういったイメージを持って、使用している教材の正解率と理解度は90%以上にすることが必要となります。

他方で、これとは逆に、**完璧主義になって100%を目指し、それにこだわる方も少なくありませんが、これはこれで非効率な学習方法**です。

たとえば、過去問題集でわずかなミスを悔やんで6周、7周、8周……と、100%になるまで固執してやり続ける方や、1つの分野、問題、規定にこだわって納得いくまでそこにとことん時間をかけるという方です。

90%以上になった後も、周回を重ねたり、1つの箇所にこだわって時間をかけすぎたりするのは自己満足にすぎず、効率性に欠けます。

行政書士試験では、一般に「大事なのは過去問」「大事なのは基礎」「手を広げすぎるのはよくない」といわれますが、これらの言葉は、的を射ている反面、言い訳的に使われることも少なくありません。

たとえば、受験生自身が時間的・能力的に手一杯であるがゆえに、すがるようにこの言葉を使ったり、教える側が、時間的都合やスペースの都合で、全てを教えきれないがために、印籠のごとくこの言葉を持ち出したりするわけです。

ですから、過度にこれらの言葉にとらわれることなく、一定の目処がついたら、次のステップに進んでください。

25 不安と過信に注意せよ！

行政書士試験の学習における長期の学習過程では、不安と自信（過信）の交錯を繰り返しつつ試験へ向かっていくことになります。しかし、**必要以上にこの不安と自信（過信）に踊らされないように意識しておく**必要があります。

順を追って説明していきましょう。

まず学習をはじめる前の段階では、自信のある状態でスタートすることが多いと思います。これは、単に学習意欲が高まっていることによる自信だけではなく、学習前の段階では、行政書士試験の原則的な合格基準である**「正解率60％以上」が目につきやすい**という点にあります。

この基準は、表面的にはかなり甘く見えます。実際、試験科目が重なる宅建試験と比べてみても、近年の宅建試験の合格点は、満点の70％前後で推移していますので、60％というのは、法律系試験における合格基準の数値として、甘いものだと思います。

当然、「学校のテストでも100点中60点くらいはいつも取れていたし、頑張って勉強すれば、さすがに60%は取れるだろう」と感じるでしょうし、「であるならば、この低い合格率は、ほとんど勉強していない受験生が大半なだけだ」と考えるのも仕方のないことだと思います。

特に、行政書士試験受験生を対象とする広告などでは、受験意欲を高める意味合いで、こういったことを前面に出して煽るということも見受けられます。

しかし、実際には、点数を取らせるつもりのない難問が多数出題されている現行の行政書士試験の内容で、60%を取ることはそうたやすいことではありません。

また、ほとんど勉強しないで試験に臨む方というのはそれほど多いわけではなく、以前私が行なったアンケート集計（有効アンケート総数1031名分）では、その年の学習時間が100時間以内という方は、わずか3・9%にすぎませんでした。

そして、これらのことは、勉強開始後、間もなくして否応なく実感することになります。思っていた以上に、問題が解けない……と。

不安のはじまりです。自分の理解力と記憶力のなさに自信を失いかけます。

そして、**ここで挫折して試験を断念する方も少なくありません。**

しかし、それは理解力と記憶力がないわけではなく、大半の受験生が学習序盤～中盤にかけて経験するものなのです。むしろ間違えたほうがよく覚えるということを意識して、前向きに取り組んでいってください（この点は5章で詳述します）。

この壁を乗り越えると、面白いように問題が解けるようになる時期がきます。人によっては、「実は私は天才？」と感じるかもしれません。過信のはじまりです。しかし、残念ながら、その大半が**錯覚**です。

繰り返しになりますが、行政書士試験の範囲はかなり広く深いものですが、それを全て網羅している教材は存在していません。手持ちの教材を繰り返すことでその教材の正解率や理解度は高まりますが、本試験レベルの模試などをやると、なかなか思ったような点数に結びつかないことが多くあります。

行政書士試験では、一般に**150点台のレベル（合格は原則180点以上）になるのは割と簡単にいきますが、そこからが難しい**といわれています。

ですから、少し順調に学習が進捗したからといって、決して過信して手を緩めてはいけません。

学習過程の中盤以降も模試の結果等に一喜一憂して、不安と自信が交錯しますし、試験直前期には不安一色に苛まれるかもしれません。

行政書士試験は原則として60％で合格できる絶対評価の試験ではありますが、他方で、合格率1桁台であり、そう簡単に合格できる試験ではありません。どちらか一方を見すぎて、真実の自分の実力と試験難易度を見失うことがないようにしてください。

26 モチベーションを維持せよ！

よく法律の学習をしている際の言葉として、「理解が進むと法律が面白くなってくる」とか、「法律の学習が楽しくなってきた」と言われることがありますが、学問である以上、音楽・映画・ゲーム・スポーツ等の趣味とは、やはり楽しさや面白さは、本質的なところで異なります。もし、そのような域に達しても、依然として大なり小なりの苦痛は伴うものだと思います。

そもそも義務的・ノルマ的にこなすものというのは、どんなに楽しい事柄でも、その楽しさが失われてしまいやすく、学問であればなおさら、その傾向が強くなると思います。

行政書士試験では、大半の人が半年以上の長期間学習をしていくことになるので、**「やる気」や「モチベーション」の維持が難しくなる時期に遭遇する**ことがあります。

優秀な方にとっては鼻で笑うようなことかもしれませんが、現実として、独学の学習において、学習不足に陥り、挫折に至る最も多い原因が「やる気が出ない」や「モチベーションが上がらない」という悩みでしょうから、何か策を講じておきたいところです。

もっとも、これは精神的な部分にかかるところが大きく、万能かつ効果的な対策があるわけではないため、各々が自分にあった策を見出さなければなりません。

ここで紹介するものは、資格試験の学習等のモチベーション維持に関して、私がこれまで耳にしたり、実践したりしたものの一部ですので、参考にしてもらえればと思います。

①馬に人参作戦

これは、「合格したら○○を買う」「合格したら○○へ旅行に行く」などの決め事を自分の中で、または家族としておくというものです。物で釣るというと不謹慎な感じがするかもしれませんが、「合格」以外にこういった気持ちのよりどころを作っておくのは、現実論として効果的です。

また、同種の策として、試験が終わるまで好きなこと（お酒・漫画・ゲームなど）を絶つというのも、一般的によく使われる策だと思います。

②背水の陣作戦

いわゆる「ビッグマウス」と呼ばれる方の言葉は、本当に自信過剰になっている場合もあるでしょうが、自らにプレッシャーをかける意味合いで、あえて大口を叩いている場合もあります。

周囲に「今年の行政書士試験に必ず合格する!」と公言したり、ブログを公開したりすることで、自ら退路を断つべくプレッシャーをかけるのも一つの手です。

③屈辱を忘れない

女子レスリングの吉田沙保里選手は、119連勝でストップしたときの悔しさを忘れないために、部屋には金メダルではなく、あえてその連勝が途絶えた大会の銅メダルを飾っているといいます。

再受験生は、不合格通知や受験票を机のどこかに置いておくのも、一つの策でしょうし、そこまでしなくても、不合格を確信したときの悔しさは、常に胸のどこかに残しておいてもらえればと思います。

④電信柱マラソン

私事ですが、私は、スポーツの中で、ランニングやマラソンがとても嫌いでした。とはいえ、昔はサッカーをやっていたため、当時は練習の基礎ともいえるランニングを嫌いだからやらないというわけにもいかず、毎日ランニングをしていました。その際に苦痛を緩和するためにしていたのが、この「電信柱マラソン」です。

といっても、外観上は、普通のランニングと変わりはないのですが、意識の置き方として、「ゴールまであと○ｋｍ」と考えずに、「次の電信柱まであと○ｍ」と考えて走るというものです。つまり、常に短期の目標を設定してそれを目指しながら、最終ゴールを目指すのです。

この方法は、ランニングに限らず、仕事や勉強など、いろいろなことに応用できます。行政書士試験の学習は長丁場であり、11月の本試験だけを目指していると中だるみしてしまいます。常に短期の目標を設定して（過去問題○点、模試○点、今週中に○○までやるなど）進めるというのは、ある意味定石的な学習方法といえるかと思います。

⑤目指せ3日坊主

「目指せ3日坊主」なんていうと語弊があるかもしれませんが、その趣旨は、とりあえず始動してしまえば、あとは惰性でどうにかなるので、あまり肩に力を入れずに、まずは3日頑張ってみようということです。

ロケットの打ち上げでは、搭載燃料の大半を発射時に費やすらしいですが、何かに挑戦する場合においても、一番エネルギーを要するのはその始動時だと思います。

再受験生における学習再開時や分野の切り替え時など、なかなか腰が重くなると思いますが、まずは3日頑張ってみてください。

⑥その他

とりあえず5つの方法を紹介しましたが、他にも、緻密な学習計画を立てて、それに沿って半強制的に行なったり、掲示板やSNSなどを介して学習仲間やライバルを見つけて刺激をもらったりなど、たくさん方法はあります。

自分に合ったものを見つけて、試験日まで気持ちが途切れないよう策を講じていってもらえればと思います。

27 集中力の妨げ対策をせよ！

普段の学習では、なるべく勉強に集中できるような環境で行なうべきですが、**本試験では、単に本番という緊張感以外にも集中力の妨げになる要因は多くあります**。

たとえば、暖房器具の位置の関係で自分の席周辺が適温でなかったり、椅子の座り心地が悪かったり、机と椅子の高さが自分にとって適度でなかったりというのが、集中力の妨げになることもありえます。

また、試験監視員の存在が、集中力の妨げになることもあります。試験監視員は寡黙に監視しているだけではなく、「今からトイレ等の退出ができます」など、声に出して連絡事項を伝えたり、本人確認のために各席を巡回したりしますので、意外とこれが集中力の妨げになったりします。

さらには、他の受験生が集中力の妨げになることもあります。たとえば、

・後ろ：強烈にオヤジ臭を放っている人
・右後ろ：爆音くしゃみ野郎
・左後ろ：マスクなしで、インフルエンザっぽい咳をする人
・前：時計を忘れて、試験中に何度も挙手して時間確認する人
・右：ペン回しの達人
・左：常時貧乏ゆすりをする人

こんな最悪包囲網の席だってあるかもしれません。

あまりにひどければ、試験監視員に注意してもらうこともできますが、現実的には何か具体的な対応を取るのは難しいかと思います（ちなみに、試験中の耳栓の使用は禁止されています）。

特に、普段の学習で、環境の整った部屋で勉強している独学者は、**ちょっとした環境の違いに脆かったりするもの**です。

対策としては、スクールの模試を受けて、環境の変化に慣れておくのが最善だとは思いますが、その他にも、たまには図書館や喫茶店で学習したり、音楽をかけながら学習をし

たりなど、多少の環境の変化で集中力が妨げられない免疫をつけておくとよいかと思います。

また、いくらこれらの対策を万全に取っても、本試験独特の空気の中では、多少の集中力の乱れやケアレスミスをしてしまうのがむしろ普通ですので、それを見込んで多少余裕のある実力をつけておきたいところです。

5章

学習の鉄則
（アウトプット期・総合学習期編）

本章では、アウトプット期と総合学習期における
学習の鉄則を対象にしています。
一般にアウトプット学習は、
インプット学習の補助的な位置づけで
説明されることもありますが、
本書における勉強法では、
アウトプット学習を非常に重要視しているため、
その意味で前章に劣らず大事な章となります。

28 正解で満足するな！

問題集には、一問一答式になっている形式と、本試験と同様に五肢択一式になっている形式があります。

一問一答式は、五肢択一式と比較して細かく正誤のチェックができるため、基礎学習段階においては一問一答式のほうが効果的な練習問題形式といえますが、本来の試験での出題形式ではありません。試験に向けては、必ず本試験で出題の中心となる五肢択一式問題による学習を多くこなしておく必要があります。

なぜなら、**実践に近い五肢択一式による学習でなければ、身につかない能力も多くあるからです。**つまり、確実に正解がわからないなりにも正解へたどり着く能力であったり（演習力・解答力）、思考型問題への対応力であったり（一問一答式には思考型問題がほとんどない）、一問あたりの平均所要時間（2分～2分30秒）の感覚を養ったりするのには、五肢択一式問題でなければ身につきません。

そこで、五肢択一式を学習する際に注意してほしい点ですが、単に正解しただけで「よし」として次へ進めるのではなく、意識的に正解肢以外の選択肢の論点にも注意するようにしてください。

実は、五肢択一式問題で、**平均正解率60%を取るには、論理上は各問題で2つの選択肢が確実に判断できれば足ります**。

「たったの？」と思ったかもしれませんが、実力で判断できなかったとしても（＝判断できない選択肢に正解がある）、偶然正解することがあるため、それも考慮すると2つで足りるということになります（60%＝100×｛（2／5×1／1）＋（3／5×1／3）｝）。

本試験であれば、このような確率的・運的な要素であっても正解できればそれでいいですが、学習過程においてはそれで正解したからといって満足していてはいけません。

つまり、**五肢択一式も、一問一答式をやっているような感覚で進める**ということです。

また、ある程度学習が進み、アウトプット学習における正解率が上がってきた段階で、次のステップとして「解く時間」を意識するようにしてください。既に解いた問題では効果が薄いため、最終的な時間配分の感覚は、模擬試験で養うことになります。

この段階での時間計測は、ちょっとした制限をかける程度のものですが、この制限の有無が思考経路に結構な影響を及ぼすため、ここでそれを体感しておいてください。

各科目の1問あたりの回答時間の目安

出題科目等		1問の目安解答時間
法令択一	基礎法学	2分強
	憲法	3分弱
	行政法	2分強
	民法	3分弱
	商法・会社法	2分強
多肢選択式		5分
記述式		7分
一般知識	政治・経済・社会	2分
	個人情報保護・情報通信	2分
	文章理解	5分

1問ずつの細かい計測はしなくてよいので、上の表を参考にして、1問の目安回答時間×問題数（10問単位程度で）でその制限時間を決めてください。

このステップに進んだら、解説を見る前に「誤り」の選択肢についてしっかりとその理由まで言えるか確認するようにしてください。「正しい」の選択肢は、理由がないことが多いので（問題集で「正しい」の解説が「問題の通り。」などとなっていることがあるのはそのためです）、理由まで求められるのは「誤り」のみとなります。

また、可能であれば、声に出してみてください。声に出すことで、より鮮明に記憶を定着することができるため、記述式対策へも繋がります。

29 問題は一般論・原則論で考えろ！

学習が進んで細かな知識がついてくると、問われた論点の例外的な事柄の存在により、正誤の判断を迷うことがあります。たとえば、「日本は、日本人が住む国である」という問題の正誤を考えた場合、一見すると正しく見えますが、厳密に言えば日本には外国人も住んでいますので、誤りと見ることもできます。

本来、例外があるような事柄について厳格な意味で正しい内容にするには、その例外を除外する内容にするか、または「原則として○○である」という感じで「原則として」を入れたり、「等」を入れたりして、少し濁すべきといえます。

しかし、実際の本試験の問題では、**それが入っていない場合でも「正しい」が正解ということが多々ある**のです。このような場合、基本的には、例外を排除するような文言（「常に」「いかなるときも」など）により、あえてその例外を示唆するような場合でない限り、たとえ「原則として」「一般には」等が書かれていなくても、原則論や一般論に沿って考えてください。次ページは、実際に出題されたその種の問題です。

平成16年問8肢5（正しい）

行政機関の長は、開示請求に係る行政文書の一部に不開示情報が記録されている場合において、不開示情報が記録されている部分を容易に区分して除くことができるときは、当該部分を除いた部分につき開示しなければならない。

➔ 除いた部分に有意の情報が記録されていないと認められるときは、開示しなくてよいので、本来は「原則として」を入れるべき。

平成18年問20肢4（正しい）

消防職員の消火ミスにより、一度鎮火したはずの火災が再燃し、家屋が全焼した場合、失火責任法が適用されるため、被害者は国又は公共団体に対して国家賠償法1条に基づく損害賠償を求めることができない。

➔ 失火責任法では、重大な過失がある場合は失火による損害賠償請求を認めているため、本来であれば問題設定で、消防職員に「重大な過失がない」ことを入れておくべき。

平成20年問53肢ア（正しい）

この法律は、個人情報を取り扱う国の行政機関の遵守義務を定めることにより、行政の適正かつ円滑な運営を図りつつ、個人の権利利益を保護することを目的とする。

➔ 個人情報保護法は、遵守義務以外も定めているため、本来は「遵守義務等」にするべき。

平成20年問56肢エ（正しい）

電子透かしとは、画像、映像、音声などのデジタル・データに、人間の知覚では判別できない特定の情報を埋め込む技術であって、著作権保護技術として用いられることが多い。

➔ 電子透かしには、知覚可能型の電子透かしも存在するため、本来は「一般には」などの用語を入れるべき。

30 学習序盤〜中盤の問題不正解でへこたれるな！

これまで説明している通り、本書における勉強法ではアウトプット学習を重要視していますが、この学習方法では、**序盤〜中盤はなかなか思うように正解できず、心のダメージを伴い、へこたれそうになります**。

しかし、アウトプットを重視した学習方法が記憶の定着への効率性という点で優れているのは、実はそこと大きく関連性があります。

記憶のメカニズムとして、感情の伴う記憶は反復なしで長期記憶になりやすいという特性があります。特に激しい感情を伴う記憶は、「フラッシュバルブ記憶」と呼ばれ、時にそれがPTSD（トラウマ的な体験によって引き起こる外傷性ストレス障害）となることもありえますが、**適度に感情を伴う記憶は学習の効率を上げる要素**となります。

つまり、問題を間違えたときの悔しさや苛立ちなどの感情が、記憶の定着に役立つ要素になるということです。

また、記憶のメカニズムには、「プライミング効果」というものもあります。

プライミング効果とは、一度接したことのある無意識な記憶によって、それ以降の事柄に影響を与えることを言います。

具体的に体感するために次の文を読んでみてください。


みさなん、こにんちは。このぶしょんう、なんかだ　おしかいですよね？　わざともじのじんばゅんをいかれえてあまりす。にんげがもじをにしんきするにあったては、みかじいものであれば、たしょうじゅばんんがくるっていもてよてめしまうのです。どですうか？　なとかんよめますよね？


この文章がなんとか読めるのは、事前の記憶をベースに無意識的に脳で修正をする、プライミング効果によるものです。

プライミング効果は、問題を多くこなすことで、問題を読むスピードが上がるなど良い面に作用することもある反面、**ケアレスミスの要因になったり、ひっかけ問題へ応用されたりなど悪い面に作用することもあります**。

たとえば、昔に流行った「10回クイズ」。「ピザ」と相手に10回言わせた後に、ヒジを指して「ココは？」と問うと「ヒザ」と答えてしまうのは、このプライミング効果が応用されています。

行政書士試験では、特にこの効果を意識して狙い撃つような作問がされているわけではありませんが、結果としてその要素が含まれた問題が出題されることがあります。

たとえば、重要論点とは別のところに誤った内容を入れる問題（判例問題で、結論は正しく、理由が誤りなど）が、それにあたります。

また、この効果により、ケアレスミスに繋がったりすることもあります。たとえば、

1．二つ

2．三つ

3．四つ

4．五つ

5．六つ

※平成13年度問2の選択肢

という選択肢の場合に、「二つ→2」と答えてしまうケアレスミスがそれにあたります。プライミング効果によるひっかけ問題やケアレスミスは、よく考えて意識的に返答しなければなりません。

また、事前にひっかかっておくことで、防ぐこともできます。これは、アウトプットを重視した学習の長所の一つといえるところでもあります。

「失敗は成功の母」です。学習序盤〜中盤では、不正解を重ねることこそが、自分の成長へ繋がっていると捉えてください。

31 出題者の意図、問題の趣旨を汲め!

問題を解いていると、時に重要論点ではない部分の言い回しや、言葉が足りないことが妙にひっかかって、正しい問題文が誤りに映ったり、逆に誤りの問題文が正しく映ったりすることがあります。

こういった問題に対しては、**出題者は本当にここを問いたいのか?** と、出題者側の視点になって考えてみてください。

たとえば「○○は、請求することができる」という文法の問題について、「請求が認められるかはさておき、請求するだけならできるから、内容がどうであれ正しい」という解釈をできなくもありません。

しかし、出題者の意図を汲めば、法律上の論点とはいえないこのような論点を問うはずもないため、無視すべきところです。

もちろん、本試験でこんなくだらないところの判断を悩む人はいないでしょうが、誤植にならない範囲での不備のある問題というのは、毎年あります。

その意味で、時にはあまり深く考えすぎないということも必要になります。

このことは、問題を解く際の捉え方という意味もありますが、スピードを意識した学習という観点から、**アウトプット学習の際にこういった箇所があるたびに、立ち止まって追究してはいけない**という意味もあります。

次ページは、実際に出題されたその種の問題となります。

平成20年問22肢3(正しい)

都道府県知事が所定の期限内に法定受託事務に関する是正勧告に係る事項を行わないときは、各大臣は、この不作為について出訴することができる。

→ 厳密には、大臣が出訴するには、出訴前に指示が必要となり、それに従わないときに初めて出訴できるため、誤りと見ることもできます。

平成21年問30肢エ(誤り)

Hは甲建物を抵当権の実行による競売により買い受けたが、甲建物には、抵当権設定後に従前の所有者より賃借したIが居住している。HはIに対し、相当の期間を定めて甲建物の賃料1ヶ月分以上の支払いを催告したが、期間経過後もIが賃料を支払わない場合には、Hは買受け後6ヶ月を経過した後、Iに対して建物の明け渡しを求めることができる。

→ 本肢は、Hは6ヶ月を経過してなくても、Iに対して建物の明け渡しを求めることができるため、「誤り」という趣旨の問題ですが、単に家賃を支払っていない債務不履行と捉えれば、6ヶ月を経過した後、Iに対して建物の明け渡しを求めること自体はできるため、「正しい」にもなります。

平成22年問51肢オ(正しい)

いわゆる中小企業挑戦支援法の導入により、資本金1円以上での会社設立が可能となったことから、会社の設立登記数が増大した。

→ 導入した当時、表面上の設立登記数は増加していますが、当時の1円会社の登記数が占める割合は、全体の1割程度であり、好景気の影響やその他偶発的要素も考慮すれば、必ずしも1円会社の設立が可能となったことが登記数増大の要因とは言いきれないところもあります。

平成23年問18肢1(正しい)

実質的当事者訴訟は、行政主体と一般市民との間における対等当事者としての法律関係に関する訴訟のうち、公法上の法律関係に関する訴訟であり、私法上の法律関係に関する訴訟は民事訴訟となる。

→ 実質的当事者訴訟は、行政主体と一般市民との間でされるのが大半ですが、行政主体間でも認められる余地があるため、誤りと見ることもできます。

32 択一式問題は誤りを探せ！

通常の五肢択一式問題を解く場合の意識の置き方としては、「誤りはどれか」という問題であれば、誤りの選択肢を探し、「正しいのはどれか」という問題であれば、正しい選択肢を探すという考えになりがちです。

もちろん、最終的には、正解選択肢を探すことになるのですが、問題を解くにあたっての意識の置き方という点では、**この考え方はあまり合理的ではありません**。「ないことの証明」は、「あることの証明」より格段に難しいことから、悪魔の証明といわれますが、問題の正誤の判断というのもこの構図によく似ています。

たとえば、次ページの上の問題を見てください。

この問題では、線を引いた箇所それぞれが論点となりうるところです。したがって、この問題を確実に正しいと判断するには、この5カ所の論点全てを正しいと判断できなければなりません。

平成19年問14肢1（正しい）

処分についての審査請求は、処分庁以外の行政庁に対して行うものであるが、審査請求書を処分庁に提出して、処分庁を経由する形で行うこともできる。

平成19年問14肢1　改題（誤り）

処分についての審査請求は、処分庁以外の行政庁に対して行うものであるが、審査請求書を処分庁に提出して、処分庁を経由する形で**行うことはできない**。

次に、下の問題を見てください。上の問題の結論部分を変更させたものです。

論点の数自体は同一ですが、いくら他に正しいことが書かれていても、間違っているところがあるので、当然ですが「正しい」にはなりません。

つまり、この問題では、結論の間違いさえ判断できれば、それ以外の論点が判断できようができまいが、この問題は「誤り」と判断できます。

このように、正しい問題であると判断するのは、誤りの問題であると判断するよりも難しくなります。

ですから、通常の五肢択一式問題を解くにあたっての意識の置き方としては、「正解肢を探す」のではなく、「誤りの選択肢を探す」とすべきであり、さらに言えば「**間違っている箇所を探す**」とすべきなのです。

意識の置き方なんてどうでもよいことのように映ったかもしれませんが、この意識なしに解いた場合、解ける問題を落としたり、見直す必要のない問題を何度も見直したりということが起きやすくなります。

33 記述式問題は声に出して解け！

既に説明していますが、記述式問題の対策をするにあたっては、記述式用の練習問題集を使用して学習することになります。

記述式問題は、本試験でも1問あたりの時間を最も要する問題であり（1問あたり7～8分）、学習時でも熟考し、きれいに書いて解くと同じくらい時間がかかります。

そうすると、1日3時間の学習で、練習問題集1冊（200問程度）を複数回やろうとすると1カ月近くかかることになり、いくら記述式が重要とはいえ、そこまでの学習時間は取れません。

特に、後半に記述式対策を持ってきた方は、その重要な時期に記述式対策ばかりに時間を費やすと、学習のバランスが崩れることに繋がります。

そこで、時間短縮するために、**まず1周目は文字を書かずに、声に出して解いていってください。**

声に出して解くと、しっかりとした文章内容の把握や正確な文字数の確認はできませんが、あまり細かなことは気にせずどんどん進めていってください。

また、その際に、重要問題とあまりにお粗末な解答だった問題のチェックをしてください。

次に、そのチェックした問題を2周目に殴り書きで解いていき、その際もさらにもう一度やる必要があると思うのをチェックしておきます。

そして、最後に3周目だけはきれいに書いてください。

きれいに書いて解く場合と比較して、スピードと反復を重視したこの方法のほうが、効率性に優れています。

34 記述式問題はキーワード以外にも注意しろ！

記述対策の問題集等の多くでは「キーワード」（その問題における重要単語）に主眼をおいて解説されているため、学習段階では「キーワードが全部書けたから満点」と自己採点してしまい、その他をないがしろにしたまま試験に臨む方も少なくありません。

もちろん、「キーワード」が書けているかどうかも重要なのですが、それよりも先に**「問題文に対応する解答を書く」**という基本を注意するようにしてください。

「そんなの当たり前だ！」と思われたかもしれませんが、これができていない方は意外に多いのです。

着目すべき点は、**問題本文後半の「40字程度で記述しなさい」の手前に書かれているところ**です。

たとえば、基本的なものとしては、次のような問題があります。

・**問**「どのような場合か。」→**答**「○○場合。」（例：平成20年問45、平成23年問45）
・**問**「何と呼ばれるか。」→**答**「○○と呼ばれる。」（例：平成22年問44、平成23年問44）
・**問**「どのような要件が必要か。」→**答**「○○すること。」「○○していること。」（例：平成19年問45）
・**問**「理由を述べよ。」→**答**「○○から。」「○○ため。」（例：平成20年問46）
・**問**「理由も述べよ。」→**答**「○○という理由で、○○。」「○○から、○○。」「○○ため、○○。」（例：平成18年問44）

※最初の２つは、質問と同じ言葉を用いて返答するオウム返し型の定石的な書き方です。

家作りに例えてキーワードを柱とするなら、これは土台といえる部分です。この部分がずれると、問題の質問について答えていないため、キーワードまでもがずれることに繋がります。

また、この基本を守ることで、**解答文を作成するにあたり、大きなヒントを得ることも多々あります。**

たとえば、平成18年問44は、「裁判所は、どのような理由で、どのような判決をすることとなるか」という質問形式でしたので、その前の内容がどうであれ、「裁判所は、○○という理由で、○○の判決をする」という解答文になることがわかります。

平成20年問44は、「誰を被告として、いかなる種類の訴訟を提起すべきか」という質問形式でしたので、その前の内容がどうであれ、「○○を被告として、○○を提起すべき」という解答文になることがわかります。

平成21年問45は、「どのような権利について、どのような契約に基づき、どのような請求をすることができるか」という質問形式でしたので、その前の内容がどうであれ、「○○権について、○○契約に基づき、○○を請求することができる」という解答文になることがわかります。

平成22年問45は、「どのような権利の確保のために、どのような手続きを経た上で、どのような権利を行使することができるか」という質問形式でしたので、その前の内容がどうであれ、「○○権の確保のために、○○を経た上で、○○権を行使することができる」という解答文になることがわかります。

このように、「問題文に対応する解答を書く」という基本を守るだけで、問題の種類によっては「40字記述式」が実質的には**「穴あき型記述式」**になります。

特に、平成21年問45は、解答となる単語が問題文にほぼ全部あったので、この基本を守れば、仮に問題の意味がよくわからなくても、それなりの部分点を狙うことは可能でした。ところが、実際の受験生の解答を見ると、それに気がつけなかったであろう方が多数見受けられました。

また、これらの問題のように解答する文法が特定されない場合でも、この基本を守ることで、点数へ大きく影響を与えることもあります。

たとえば、平成19年問44の「申請への対応として、どのような選択が認められているか」に対しては、解答は「○○又は○○」となり、2つの対応を書くことがわかります。「不備のある申請に対する、行政の2つの対応方法」と考えた場合、細かい条文の内容が思い出せなくても、「補正を求める」又は「申請内容を拒否する」というのは、行政法を勉強したことがなくても思いつくのではないかと思います。

たかだか、「又は」がわかっただけではありますが、それがわかることによって格段に**解答の全体像のイメージがつきやすくなる**のです。

それから、平成21年問46は、文中の（　）内に入れる形式の問題でしたが、内容（民法

177条の第三者の定義）はしっかり書けているのに、主語が抜ける等の前後の繋がりを欠いているために大減点された方は非常に多くいました。

問題に対する知識はあるのに、この基本を知らないがために得点できないのは、非常に悔やまれるところです。

したがって、繰り返しとなりますが、記述式問題を解く際は、まず「問題文に対応する解答を書く」という基本を守るようにしてください。

35 記述式問題の内容の書き方

記述式問題の内容を書く方法はいろいろあると思いますが、オーソドックスなのは、**キーワードとなる柱の言葉を決定し、それに肉付けして文章を整える**というものです。

たとえば、平成20年問46の問題でこのやり方を説明します。

> AはBに対して、自己がCに対して有していた300万円の貸金債権を譲渡した。この場合、債権譲渡の合意自体はA・B間で自由に行うことができるが、債権譲渡の合意に基づいて直ちに譲受人Bが債務者Cに対して支払いを求めることはできない。では、その理由について、「なぜならば、民法の規定によれば、指名債権の譲渡は、」に続けて、40字程度で記述しなさい。

まず、問題の趣旨（債権譲渡の対抗要件）を把握したら、それに対する最も直接的で短い解答を頭に浮かべます。

この時点で決定するのは、言葉足らずで構いません。いうなれば、連想ゲームのように頭にパッと浮かぶ解答です。人によって多少変わるかもしれませんが、私の場合であれば、「通知（又は）承諾」が頭に浮かびます。

決定したら、これを柱にして肉付けしていきます。

もちろん、先に説明した、土台部分がおかしくならないように注意してください。「なぜならば～」ではじまっていますので、終わりは「～からである」が適切です。

通知は誰が誰に？　承諾は誰がする？　確定日付のある証書は必要・不必要？　これは対抗要件？　成立要件？……などを検討して、文章を付け加えて整えます。

その結果、「譲渡人が債務者に通知をし、又は債務者が承諾をしなければ、債務者に対抗できないからである。」（44字）となります。

解答の文法がある程度見えるケースでは、重要単語が決定した段階で、もうほとんど肉付けが必要ないという問題もあります。思うままに書いてから削っていくやり方よりも、この方法のほうが合理的であり、早く解答できるかと思います。

36 その他、記述式問題で注意すべき5つのポイント

①漢字の誤字をするくらいなら、平仮名で書け！

平成21年問46の「欠缺」は「欠けつ」でも減点されませんでした（常用漢字ではないことが理由と思われます）。全てにおいて、平仮名でも減点されないというわけではないですが、誤字はほぼ減点確実ですので、誤字をするくらいなら、平仮名で書いたほうがましです。もちろん、言うまでもないですが、正しく漢字で書けるに越したことはありません。

②解答をどうしても45字でまとめられなければ、句読点を削れ！

これまでの採点基準を見る限りでは、句読点の有無によっての減点はないようなので、あまり句読点にとらわれる必要はなさそうです。

もっとも、模範解答にはしっかり句読点が入っていますので、45字に収まらないのは、余計な単語があるか、おかしな解答になっている可能性が高いとはいえます。

③それでもまとまらなければ、問題文に出てくる主語を削れ！

通常は、「裁判所は、どうしますか？」と質問されれば、「裁判所は、こうします」と返答すべきですが、この「裁判所は」自体は問題文にあり、得点としての評価はされないことがほとんどであるため、うまく45字にまとまらなければ削ってもよいでしょう。

実際、平成21年問44の模範解答に、主語の「外務大臣は」が入っていませんので、多くの問題ではあってもなくてもよいという扱いになるかと思います。ただし、穴あき型の問題（例：平成21年問46）で、主語がないと文章が繋がらない場合は、絶対に削ってはいけません。

④35字以上に固執するな！

問題は「40字前後で」と言っているのですから、基本的には35〜45字で書くことになります。

上限の45字については、マークシートのマス目の制限により超えることはできませんが、下限の制限を超えるとどう扱われるのかについては、疑問に感じている方も多いかと思います。35字以上でないと点数がつかないと思っている方もいるようですが、平成19年問46の模範解答例の1つは33字でしたし、30字未満の解答でも部分点がついているケースは多くあります。

したがって、キーワードとなる単語が1つでも思い浮かぶのであれば、あまり文字数に固執せずに部分点狙いでとりあえず書いておくべきです。

もっとも、文字数不足としての直接的な減点はない（と思う）だけであって、あまりに短ければ、そもそも問題に対応していない解答になるおそれがあるため、キーワードさえ書ければ点数がつくということではありません。

⑤迷った単語は書くべし！

当たり前ですが、単語は正確に書くのが一番です。しかし、思いついたある単語を書くべきなのか迷うこともあります。

記述式の採点では、キーワード加点式の要素は含まれていますが、単純なキーワード加点式だけで採点しているわけではないので、この場合に書くか、書かないか？　については賛否両論あるところです。

これまで私が検証した感じでは、余計な単語を書いた場合、それがＮＧワードとして減点されていると思われるケースはありましたが、大ＮＧワードとして全部が0点扱いとされているケースはなさそうです。

一方で、減点なしとなっているケースもあります。たとえば、平成20年問44の解答は「取消訴訟又は無効等確認訴訟と義務付け訴訟の併合提起」でしたが、これを「取消訴訟と義務付け訴訟の併合提起」としても、この部分での直接的な減点はされていませんでした。

これらを踏まえると、余計なことを書いたとしても減点されない可能性がある一方で、その迷った単語が仮に正しいキーワードであるなら、当然に書かなければ点数が入る可能性はゼロなのですから、迷ったなら書いたほうが確率論的には得策といえます。

もっとも、減点される可能性がある以上は、明らかに間違っている、またはその可能性が高いなら書くべきではありません。

たとえば、平成21年問44では、「拘束力により」が解答キーワードの1つでしたが、「拘束力」が思い出せない場合において「形成力」は間違いの可能性が高い！　と気がついているなら、「形成力により」と書くべきではありません。

また、迷ったからといって「拘束力、既判力又は形成力により」というのもいけません。これに点数がつくほどの単純なキーワード加点式ではないようです。

6章

各出題科目の傾向と対策

本章では、行政書士試験では
近年どのような出題傾向となっており、
また、それに対してどのような目標点数を設定し、
対策すべきなのかについて、
科目ごとに分けて説明します。

37 基礎法学

基礎法学は、新試験制度に移行した平成18年度以降、択一式から2問（配点8点）出題されています。

平成22年度や平成24年度のように2問とも難問が出題される年もありますが、総じて言えば、**1問は基礎、1問は難問**という配分で出題される傾向があります。

範囲が広いため、なかなか対応が難しい科目の一つであり、コストパフォーマンスという観点から、テキストに掲載されている論点、過去問題の論点などを中心とした基礎的な内容にとどめて、**2問中1問を確実に正解できるようになる**ことを念頭に、学習を進めることになります。

38 憲法

憲法は、新試験制度に移行した平成18年度以降、択一式から5問（配点20点）、多肢選択から1問（配点2点×4）が出題されており、行政法や民法に次ぐ中心的な科目です。

憲法は最高法規であり、あらゆる法の頂点（原点）に位置することから、本書による勉強法では、一番はじめに学習する計画になっており、また、一般的にもそうすることが多いです。

また、憲法は、直接的な配点の多さに加えて、地方自治法や国家賠償法などの行政法、裁判関係の基礎法学、政治関係の一般知識等、他の科目と重なる部分も多く、法令全般の理解を進めるためにも、ある程度時間をかけて学習する必要があります。

もっとも、近年の憲法の出題傾向としては、思考型の問題やかなり深い論点を問う出題も多いので、憲法の科目自体では、なかなか学習の強化が点数に結びつかないことが多くあります。

配点の目標としては、近年の難化も踏まえて、**択一式5問のうち3問と、多肢選択の配点8点のうち6点**は取れるようにしておきたいところです。

学習方法としては、インプット学習についてはテキストとともに条文の読み込みと判例の学習が重要になります。

条文を直接問う出題が近年減少傾向であることを受けて、条文の読み込みは軽視されがちなところですが、平成24年度では条文問題が2問出題されていますし、また、条文を覚えていないと対応できない問題も多く出題されていますので、条文の読み込みは必要です。

また、判例を学習するにあたっては、結論だけではなく、その理由や理論を理解することも必要となります。

従来の出題傾向では、条文と有名判例の結論だけ覚えておけば対応できるものばかりであり、得点源とされている科目でしたが、**現在は「そんなに甘くない！」と意識して**進めてください。

39 行政法

行政法は、新試験制度に移行した平成18年度以降、択一式から19問（配点76点）、記述式から1問（配点20点）、多肢選択式から2問（配点8点×2）出題されています。

名実ともに行政書士試験の中心科目であり、行政法の攻略なくして合格はありえません。行政法は中心科目であり、かつ、対応のしやすい科目ですので、**他の不得意科目の得点をカバーする**つもりで、学習に取り組む必要があります。

もっとも、行政法と一言で言っても、多くの法律の集合体ですから、その中でも得意不得意が出てきてしまいます。

行政法のうち、特に、多くの受験生にとって、悩みの種になりやすいのは、地方自治法です。

というのも、条文数が多いので、ここをしっかり学習しようとすると、かなりの時間を費やさないといけなくなり、学習のバランスを崩す可能性があるのです。

地方自治法の定石的な学習の進め方は、（行政書士試験用の）テキスト及びアウトプット教材に出てくる論点についてのみ、しっかり覚えておくというものです。

平成23年・24年では、3問の出題にとどまっていますので（以前は5問）、時間対効果の観点から、過度な深入り（地方自治法のみの参考書や全条文の読み込み）は避けるようにしてください。

一方、条文数が少なく、実際の出題も条文問題が中心である行政手続法と行政不服審査法は、記述式や多肢選択式で出題された場合も含めて得点源とするべく、得意科目となるようにしておく必要があります。

学習方法としては、インプット学習についてはテキストを読むのと同じくらいに条文の読み込みが重要になります。

アウトプット学習については、行政法は過去問題が充実しているので、過去問題学習をベースにして考えてください。

40 民法

民法は、新試験制度に移行した平成18年度以降、択一式から9問（配点36点）、記述式から2問（配点40点）出題されています。

新試験制度への移行は、実務法律家としての資質を問うべき法律科目の重視・難化がその特徴として挙げられますが、民法の問題の難化と得点配分増加はその特徴を顕著に表しているといえます。

年度によって難易度にはばらつきもありますが、条文数が多く範囲も広いため、なかなか得意科目と言えるほどまでに学習するのは難しいところです。

もっとも、得点配分が大きい以上、不得意科目となれば致命的となるので、学習時間自体は大きく費やす必要があります。

択一式では最低半分以上、記述式においても2問で20点くらいを確保できる程度まで学習を進める必要があります。

学習方法としては、インプット学習については、民法は条文数が多く条文をしっかり読み込むのは難しいため、テキストでしっかり学習することになります。

また、アウトプット学習については、民法は過去問題があまりないため、練習問題（他試験の過去問題等）が中心になります。

41 商法・会社法

商法（会社法含む）は、新試験制度に移行した平成18年度以降、択一式から5問（配点20点）出題されています。

条文数が商法と会社法を合わせると1000条を超えており、多くの受験生が不得意科目として敬遠しがちな科目です。

近年の出題内容を見ると、決して基礎的なものばかりが出題されているわけではないため、深く勉強をしてもなかなか点数に結びつかない科目ですので、**あまり深入りしないほうが賢明**です。

もっとも、まったく対応できずに5問全部を落とせば、致命傷になりかねませんので、基礎的なものには対応できるように、テキストに掲載されている論点や過去問題を中心に学習を進めて、なんとか**2問以上**は得点できるようにしておく必要があります。

42 一般知識等

一般知識等は、新試験制度に移行した平成18年度以降、14問（配点56点）出題されています。

行政書士試験は、「一生懸命やれば合格できる試験」といわれていますが、一般知識だけは、努力と点数がなかなか比例しないところがあり、毎年度受験生への不安要素として、試験日までまとわりつきます。

論者によっては、「新聞を読んでいれば大丈夫」「政治・経済をしっかりやっていれば、むしろ得点源になる」という方もいますが、私の感覚では、政治・経済・社会の分野については、**付け焼刃的な学習ではあまり効果が出ない**と思っています。

もちろん、これまで新聞をしっかり読んできた人や政治経済学部出身の方は、当然、試験で有利に働きます。また、常日頃、新聞を読んでいることで解ける問題が出題された年もあるため、それらの学習を取り入れることが必ずしも無駄ということではありません。

あくまでも、試験対策として、いきなり新聞のチェックや学生時代の政治・経済の教科書を読み直しても、費用対効果が悪いということです。

では、一般知識対策は、どうするかといいますと、政治・経済・社会の分野については、基礎的な学習にとどめて、逆に**「個人情報保護」（1～3問）、「情報通信」（2～3問）、「文章理解力」（3問）**の3分野を得点源にすべく重点的に学習を進め、とりあえず**一般知識等における科目別最低基準である6問以上**は確実に得点できるようにしておくことです。

語弊がないように強調しておきますが、「政治・経済・社会の分野については、基礎的な学習にとどめて」です。

基礎的な学習は必要です。基礎的な学習で取れる問題は例年1～3問はあるので、行政書士試験の一般知識用テキストの他、ニュース検定1～3級用、各新聞社が出版している時事用語集、公務員試験用の時事集などを教材にして、その基礎的な問題を落とさないように学習を進める必要があります。

個人情報保護については、**一般知識の中で一番対策を立てやすい科目なので、少し早めからしっかり学習する必要**があります。

余裕があれば個人情報保護士の問題集を使ってみてもよいですが、余裕がなければ、条文の読み込みをしっかりやることに加えて過去問題と模試で出てきたところをしっかり覚えるということでも、何とか対応可能です。

情報通信については、特に教材を購入する必要はありませんが（個人情報保護士の教材や時事用語集など）、**総務省の「国民のための情報セキュリティサイト」内にある「用語辞典」**（http://www.soumu.go.jp/main_sosiki/joho_tsusin/security/glossary/01.html）からの出題が目立つので、ここに出てくる「重要ワード」の吹き出しがついているものをチェックしておくとよいでしょう。

文章理解力については、特別な対策をしなくても過去問題と模試をひと通りやっておけば得点源にできる人と、十分な対策がなければ得点源にできない人に分かれます。

文章理解力を苦手にしている人が実力をつけるのには、3カ月～半年程度かかるので、**苦手な人は早いうちからコツコツと対策を取っておく**必要があります。

その際に使う教材としては、大学受験用の文章理解問題は、レベル的にも内容的にも重なる部分が多いので、これを活用してください。

また、個人情報保護と文章理解力以外の一般知識の学習時期については、後回しにして、試験直前期に学習するのが定石です。

これは、一般知識についてまで反復学習する時間は作れないので、**詰め込み学習をしたうえで、それを忘れてしまう前に試験を迎える**という作戦です（短中期記憶は、1カ月以内なら忘却しないためです）。

43 多肢選択式

多肢選択式は、新試験制度に移行した平成18年度以降に取り入れられた問題形式で、20の選択肢から適切な選択肢を選んで4つの空欄を埋めるというものです。

配点は1問8点（2点×4で部分点あり）で、いずれも3問（憲法1問、行政法2問）が出題されています。

選択肢には類似する単語が多く並べられているため、確実な知識を求められますが、重要な判例や重要な単語を解答することになるので、解きやすい形式の問題といえます。実際の試験問題でも、難しかった年度も例外的にありますが（平成22年度）、総じて言えば易しい年度が多いため、**得点源になる分野**と考えてよいでしょう。

また、重要判例の知識や重要単語の正確な知識は、多肢選択式に限らず、択一式や記述式でも必要であるため、知識自体は全体の学習の一環として身につけていくことになり、教材も多肢選択式専用のものを購入する必要はありません。

もっとも、多肢選択式の問題は選択肢が多く、また文章も長めであるため、五肢択一問題よりも1問あたりに要する時間が若干長くなります。

そのため、**なるべく短時間で解けるようにするべく、過去問題等を使用して、この形式の問題にある程度慣れておく**ことが必要になります。

また、選択肢と空欄が多くあることによって、ケアレスミスが起きやすい形式の問題であるため、その点の対策もしておく必要があります（詳細は7章50項「問題のチェックの仕方」で説明します）。

44 記述式

現行の40字の記述式問題は、新試験制度に移行した平成18年度以降に取り入れられたもので、3問出題されています。

これまで実際の試験で出題された3問の法令の振り分けは、いずれの年度も民法2問、行政法1問となっています。今後、憲法からの出題の可能性はまだありますが、その他の基礎法学や商法からの出題の可能性は、各法令の配点から考えてほとんどないと思われます。

記述式の得点自体には、科目別の最低基準点等の制限はないため、記述式が0点でも理屈上では合格可能ですが、配点が60点（20点×3問）と非常に大きく、全体の20％を占めることを踏まえると、現実的には記述式で一定の得点ができないと、合格は困難です。

記述式対策では、「択一の学習をしっかりやれば記述もできる」「質問の仕方が違うだけだから、択一と記述を分けて考えるな」と論じる方をよく見かけますが、これを鵜呑みにして**何ら対策を取らないで試験に臨むと、3問全部が白紙解答になる**おそれがあります。

また、十分に対策を取らずに記述式問題を解くと、たとえ一定の得点ができても、必要以上に時間を要することとなり、全体の時間配分に大きく影響を与えます。

これは、択一式は、ある程度その論点を知っていれば正解にたどり着けますが、記述式は、**正確にその論点を知ってなければならず、かつ、それを文章にまとめる技術がなければ正解することはできない**からです。

似たような例を挙げれば、見たことのある人か、ない人か？　を判断することはできても、必ずしも見たことのある人の似顔絵を書けるわけではない、あるいは、難しい漢字を読むことはできても、必ずしもそれを書けるわけではないといったことと同じ理屈です。

この点、これまでの出題された内容を見ると、3問中、1～2問は事前対策で対応できるものが出題されていますので、十分に事前対策をしておけば、**一定の時間（1問約7～8分）で30点（1問＋部分点）程度**を平均的に得点できるようにすることが可能です。

「択一式の学習」→「記述式対策」には必ずしも繋がりませんが、「記述式の学習」→「択一式対策」には繋がりますので、中心科目の底上げという観点からも、記述式はそれなりに時間を費やして学習しておく必要があります。

なお、記述式の学習をするにあたっては、過去問題による学習だけではまったく足りないので、記述式用の練習問題集が必要になります。

各科目における得点配分の目安
（近年の傾向）

出題科目等		出題数	配点	目安の目標ライン
基礎法学		2問	8点	1問（4点）
憲法		5問	20点	3問（12点）
行政法		19問	76点	13問（52点）
民法		9問	36点	5問（20点）
商法・会社法		5問	20点	2問（10点）
多肢選択式		3問（部分点あり）	24点	各3/4問（18点）
記述式（行政法）		1問（部分点あり）	20点	14点
記述式（民法）		2問（部分点あり）	40点	22点
一般知識等	政治経済社会	6問	24点	2問（8点）
	情報通信・個人情報保護	5問	20点	3問（12点）
	文章理解	3問	12点	2問（8点）
合計		60問	300点	180点

7章

1点でも多く取る!
時間配分・短縮
テクニック術

行政書士試験では、いかに素早く問題を解き、
また、時間配分をうまくできるかというのは、
合否に大きく影響するところです。
本章では、そんな悩みを解決するための
時間配分や時間短縮に関するテクニックについて、
いくつかご紹介していきます。

45 試験開始前にすること

行政書士本試験の試験時間は3時間ですが、この3時間というのは決して余裕のある試験時間ではなく、ギリギリまで使いきる受験生が大半です。時間が足りずに最後数問は適当にマークシートを塗りつぶす……という事態に陥る方も少なくありません。

つまり、行政書士試験では、**素早く問題を解き、また、時間配分をうまく行なうテクニック**が必要だということです。

本章では、1点でも多く取るための時間配分の仕方や、時間短縮方法について説明していきます。

まず、試験開始は13時となりますが、その前に12時30分から問題とマークシートが配られ、試験の説明がはじまります。この説明は、形式的なものであり、約10～15分程度で終わります。

残り15～20分は、試験開始までの待機時間となるわけですが、この間に皆さんは何をすべきでしょうか。目をつぶって精神統一? 手の平に「人」の字書いて飲み込んでみる?それも否定はしませんが、それよりもまず**問題冊子表紙と(解答用)マークシートの裏面**をチェックしてください。

問題の表紙には、氏名を記入する旨やマークシートの塗り方が書かれています。この辺は、特に改めて読む必要のないところですが、注意事項1(一番上の項目)に問題ページ数が書かれていますので、**例年と比較してのページ数の増減を確認してください**。

ページ数が多ければ、それは問題が長文傾向であることを意味しますので、時間配分の修正が必要かどうかなどの目安をつけることができます。

なお、基準となるページ数は、新試験制度以降3回ある「51ページ」となりますので、これよりも多いかどうかでその判断をしてください。

そして、次にマークシートの裏面を見てください。

裏面は、記述式用の記入欄になっていますが、ここにはマス目の他に、解答に付属する文章が書かれている場合があります。

平成20年度問46では、マス目の前に「なぜならば、民法の規定によれば、指名債権の譲渡は、」と書かれており、平成19年度問46では、マス目の前に「金銭債務の不履行の損害賠償については、」と書かれており、いずれも問題論点の核心にかかる文章が書かれていました。

もちろん、必ず書かれているとは限りませんが、もし書かれていれば、そこから連想できる単語などをいくつか問題冊子の裏面の空白に書いておくとよいでしょう。また、単語が浮かばないにしても、試験開始前にどういう問題が出るかを知ることができるだけで、精神的に違いがあります。

46 問題を解く順番

ここでは、本試験においてどのような順番で解いていくのかについて説明いたします。

オーソドックスに進めるならば、「問1、問2、問3……問60」と問題順に解いていくことになると思いますが、あるアンケート調査によれば、合格者においてこの順番でやっている方は、ほとんどいなかったそうです。

というのも、問題順に解くのは、**デメリットがたくさんある反面、メリットはほとんど見られない**ため、この順番でやる方は、ある意味で法律知識等の有無以前の問題として、情報収集や試験対策の不足が顕著に現れているともいえます。

特に、この順番でやった場合のデメリットとしては、記述式問題と文章理解問題を後半にすることになってしまうということが挙げられます。

これらは所要時間の影響を受けやすく、かつ、合否へ直接影響する重要な問題ですので、**できれば前半に終わらせておきたい**ところです。

時間配分の例

出題科目等		時間配分	実際の時間推移
多肢選択式		15分(3問×5分)	13:15
記述式		21分(3問×7分)	13:36
一般知識等	政治・経済・社会	14分(7問×2分)	13:50
	個人情報保護・情報通信	8分(4問×2分)	13:58
	文章理解	15分(3問×5分)	14:13
法令択一	基礎法学	5分(2問×2分強)	14:18
	憲法	14分(5問×3分弱)	14:32
	行政法	42分(19問×2分強)	15:14
	民法	25分(9問×3分弱)	15:39
	商法・会社法	11分(5問×2分強)	15:50
見直しなど		10分	16:00

その辺を踏まえて、私は「**多肢選択式→記述式→一般知識等→問1〜問40**」で解いていくことを推奨しています。この順番でするメリットとしては、次のことがあります。

①解きやすい多肢選択式ではじめの緊張をほぐせる

多肢選択式問題の難易度は、例外的に難しい年もありますが、総じて言えば易しく解きやすいです。試験開始直後は緊張状態にあり、特に初受験という方は、極度の緊張により頭が真っ白の状態になることもありえます。そして、それによる遅れがさらに焦りを生み出し、中盤以降はパニック状態に……という最悪の展開も考えられます。

比較的に解きやすい多肢選択式を最初にやれば、ウォーミングアップの役割として、緊張や頭をほぐすことができます。

②記述式問題と文章理解問題が序盤にできる

前述の通り、記述式問題と文章理解問題は、所要時間の多い少ないが大きく得点へ影響を与える問題であり、また、合否へ直接影響する重要問題でもあります。

この順番であれば、緊張も多少ほぐれますし、脳もまだ疲れていないでしょうから、時間をさほど気にせずに解くことができます。もっとも、時間をいくらでも費やせるというわけではありませんので、記述式3問合計で20~30分程度、文章理解問題3問合計で15~20分程度を目安にして、時間をかけすぎないという注意は必要です。

③他受験生のページ捲り音が気にならない

本試験会場には、当然たくさんの受験生がいるわけですが、緊張や不安のある状況でその場にいると、周りの人たちがとても賢そうに見えてくるものです。同じスクールや同じ大学と見られる人たちが仲良く会話しているのを見ると、さらに自分が独学であることが露わになって、不安を掻き立てます。

そして、そんな不安や劣等感を覚えながら試験に臨むと、他の受験生のページ捲りの音すら、「まだ自分は1問目の半分しか終わっていないのに周りは……」という焦りとなって、集中力を乱すことに繋がりかねません。

それをはじめから織り込んで、他の受験生とは違う順番でやることで、その音があまり気にならなくなります。

④時間配分ミスのしわ寄せは商法（会社法）にいく

問1から順番に行なった場合、時間配分ミスがあったとき、最悪、文章理解力問題は問題文を見ることすらできずにマークシートへ記入する事態になることもありえます。文章理解力は、一般知識等において得点源にしなければならない重要な科目ですので、ここを勘でマークする事態になるのは致命傷ともいえます。

他方、多くの受験生は、商法（会社法）が苦手科目であり、ここを得点源にしようと考えている人はあまりいないかと思います。つまり、時間配分ミスにより最悪時間切れで適当にマークする事態になった場合を想定して、そのしわ寄せをこの科目にくるような順番にしておけば、被害を最小限に抑えられることになります。

⑤スタート箇所が違うだけなので、混乱や時間ロスが少ない

問1以外からやる方法は、得意科目からやる場合、文章理解からやる場合、記述式からやる場合など多種にわたりますが、あまりにあちこちに飛ぶ順番でやると、その時間ロスに加えて、マークシートの記入ミスなどにも繋がるおそれがあります。

その点、この順番であれば、スタート箇所が違うだけですので、さほど時間のロスや混乱はしないかと思います。もちろん、模試を受ける際からこの順番で解くことにある程度は慣れておく必要があります。

47 選択肢を解く順番

前の項目では、問題全体の解く順番について説明しましたが、ここでは各問題内の選択肢の解く順番について説明します。

明らかな正解肢を早くに見つけることができれば、他の肢は飛ばすか流し読みするかで足りるため、時間短縮に繋がります。

しかし、行政書士試験における過去問題の分析データによれば、単純な五肢択一問題では正解選択肢が後半へ偏る傾向があるため、逆の順番、すなわち**肢5→肢4→肢3→肢2→肢1**の順番で解くことで、全体を通して時間短縮に繋がります。

特に、全体の文字数のボリュームがある問題や思考型問題においては、正解選択肢が後半へ偏る傾向が強くなるため、そういった問題だけ後ろから読み進めるということでも効果はあります。

もっとも、これをいきなり本番でやると混乱しますので、模試等からこの解き方に慣れておく必要があります。

一方で、複数選択（組み合わせ）式問題の場合は、読みはじめる順番は肢アからでも肢オからでも構わないですが、確実に正誤の判断がつく肢が見つかれば、**選択肢から見てありえる組み合わせを重視して解く**ことで時間短縮に繋がります。

選択肢の組み合わせを利用するというのは、時間短縮だけではなく、わからないなりにも正解にたどり着くための技にも繋がるところなので、うまく利用できるように普段の学習から意識的に注意してください。

48 選択肢の飛ばし方

正解肢が見つかった時点で次の問題へいくか、一応全部の肢を見るかについては、人によってかなりばらつきがありますが、一般には、正解肢と判断したその自信度合いで決めているという方が多いと思います。

たとえば、100％の自信があるなら飛ばすし、90％の自信なら流し読み、それに満たなければ全部読むというような感じです。

一方で、これをやらない人の中には「飛ばさなくても、元々3時間で終わる」「性格的に飛ばせない」という方もいますが、一番多いのは、「これまで正解選択肢だと確信したのが、実は違う選択肢が正解だったということが多々あり、怖くて飛ばせない」というケースです。これは言い換えると、自分の判断確率と実際の正解率がずれているため、怖くて実行できないということですが、そういう方は、以下の特性を意識しておくと、いくつかの問題で飛ばすことができるようになります。

それは、「正しい」という判断と「誤り」という判断では、判断ミスの発生率に差があるため、両者の判断は明確に区分けして捉えなければならないということです。

・「この問題は正しい」という判断は、正しいことが書かれているように映っているだけで、実は誤っているところを見逃している可能性や単に知識不足の可能性があるため、判断ミスが生じやすい

・「この問題は誤り」という判断は、明らかに誤っている部分を見つければ「誤り→正しい」に覆る要素が少ないため、判断ミスが生じづらい（ただし、「例外があるから誤り」という判断は、ミスが起こりうる）

このことを前提として、「明らかな誤りを見つけた場合のみ、飛ばすことができる」と意識しておけば、「実は違うのが正解だった……」というミスがほとんどなくなります。

基本的には「誤っているのはどれか？」（誤りの肢1つ＋正しい肢4つ）という形式の問題が飛ばしやすい形式の問題となり、その種の問題数問で飛ばせるだけでも、かなりの時間短縮に繋がります。

また、この特性を理解しておけば、組み合わせ問題でも、誤りの選択肢を見つけた場合、ありうる組み合わせを限定することで、時間短縮を図りやすくなります。

もちろん、実際には100％ということはありえませんので、時間配分にまったく不安がない方の場合は、絶対的な自信で判断できても、飛ばす必要はありません。

49 問題柱文の読み方

ここでは、問題柱文（リード文）の読み方について説明いたします。

これは、アウトプット学習を重視して学習していれば知らずに身についているかもしれませんが、基本的に**民法以外の問題柱文は、サッと流し読みするだけで十分**なのがほとんどです。

というのも、民法以外の問題柱文は、文末の「正しい（妥当な）のはどれか？」、または「誤っている（妥当でない）のはどれか？」だけを確認すれば、ほとんどの問題は問題柱文に関係なく、また、何ら支障なく正解へたどり着きます。

特に、**本試験の問題冊子の行数で、2行以内の問題柱文の場合は、文末以外は重要でないことがほとんど**なので、そこに焦点を当てて判断をつけることができます。

学習の初期段階では、問題柱文を熟読してもよいのですが、限られた時間の中で解くとなれば、いろいろなところで時間短縮を図る必要があります。特に、平均的に1問を解くのに時間がかかりすぎている方は（五肢択一は平均約2分～2分30秒）、この辺も意識してみてください。

なお、民法は2行以上の問題柱文の問題が多いため（AさんやBさんなど人物が出てくる事例問題等）、基本的にほとんどが問題柱文を熟読する必要があります。

50 問題のチェックの仕方

問題集や模試は、繰り返し学習に使用するため、普段の学習において、あまり問題文へ直接チェック等を書き込む機会は少ないかと思います。

そのため、特にルールを決めないままに本試験に臨む方も少なくないですが、なんらルール決めをしないで臨むとケアレスミスやマークシートへの転記ミスに繋がります。

次ページの方法は、オーソドックスなチェック方法の一つですので参考にしてください。

また、多肢選択式及び五肢択一式の穴埋め問題では、「ア」「イ」「ウ」「エ」の各空欄が複数ある場合、判断のついた順で空欄へ番号や用語を直接書き込むと、その順番と選択肢の内容がずれたり、マークシートへ書き移すべき順番がずれたりすることがあります。

問題本文の隣の白紙スペースに記入する、または必ず一番先頭の「ア」～「エ」に番号を書き込むようにするなどのルール決めをしておいたほうがよいでしょう。

いずれにしても、重要なのはどのようなチェック方法を取るかということではなく、ルール決めを事前にしておき、それに慣れておくということです。

チェック方法の例

見出し用チェック

時間が余った際に、再検討の必要があるかのチェックです。優先度がわかるように2通りのマークでチェックしたり、そのページに折り目を入れたりしてもよいでしょう。

☆

【問題1】次のうち正しいのはどれか。

× 1.…………………。(誤っている内容)

△ 2.…………………。(微妙な内容)

× 3.…………………。(誤っている内容)

× 4.…………………。(誤っている内容)

◎ ○ 5.…………………。(正しい内容)

確認用チェック

判断を確定させて、マークシートへ転記するためのチェックです。これがないと、最後にマークミスがないかの見直しに時間がかかることに加えて、試験終了後に自己採点もできなくなります。

判断用チェック

正誤の判断をするチェックです。上記では3段階ですが、「絶対に誤り」を加えて4段階にしてもよいです。また、チェックの記号は「△」を「?」にしたり、○の中に数字を入れてその自信度合いを表すようにしたりと、自分の好みでアレンジを加えるとよいかと思います。

51 効率の良い転記方法

ここでは、マークシートを塗る方法について説明します。

マークシートを塗る方法は、大きく分けて**①1問ごとに塗る、②ある程度まとめて塗る、③最後に全部まとめて塗る、**の3パターンがあります。

いずれも一長一短があるので、どれが優れているということはありませんが、いずれも事前に一定のルール決めや訓練はしておく必要があります。

それぞれの特徴を記しておきますので、自分が使用しようと考えている方法の特徴・注意点等を把握しておいてください。

①1問ごとに塗る

〈長所〉

・塗りつぶす時間が、次の問題へ進むための一呼吸になる
・時間配分ミスした場合のリスクはない

・事前の訓練は、ほとんど必要ない

（短所）

・塗りつぶしにおける時間ロスが一番多くなる

・問題用紙に正確な解答記録を残し忘れる可能性が高く、正確な自己採点ができなくなりやすい

（特徴・注意点等）

事前の練習がほとんど必要ないため、最も多く使われている方法ですが、時間ロスが大きくなりやすい点など必ずしも優れた方法とはいえない面もあります。

また、マークシートへの転記ミスが発生しにくいと思われがちですが、「解く」→「塗る」と作業が毎回分断されるため、実際には、②と③に比べるとむしろミスは発生しやすい傾向にあります。

特に、見直しの必要がある問題、またはわからない問題を空白にした場合、マークのズレが起きやすいので、とりあえずの解答を塗りつぶしておくなど、事前にしっかりとルール決めをしておく必要があります。

②ある程度まとめて塗る

（長所）

・塗りつぶす時間が、ちょっとした脳の休憩時間になる

・マークシートへの転記時に見直す機会を設けることができる

・確実に解答記録が問題用紙に残るため、正確な自己採点ができる

（短所）

・事前に多少の訓練が必要

・時間配分ミスをした場合、一定範囲を転記できなくなるというリスクが多少ある

（特徴・注意点等）

①に次いで使用されている方法です。長所・短所が①と③の中間的であり、バランスは取れていますが、計画的にやらないとバタついて、むしろ時間ロスが大きくなるので、事前に訓練しておくことが必要になります。

特に事前の模試などでは、「全て解答できてから塗りつぶすのか？　できた範囲までで塗りつぶすのか？」という点や「問題数で区切るのか？　分野で区切るのか？」という点に意識して、訓練しておいてください。

③最後に全部まとめて塗る

〈長所〉

・塗りつぶしにおける時間ロスが一番少ない
・「解く」→「塗る」という作業を繰り返さないので、集中して問題を解ける
・マークシートへの転記時に見直す機会を設けることができる
・確実に解答記録が問題用紙に残るため、正確な自己採点ができる

〈短所〉

・時間配分をミスした場合、転記する時間がなくなるというリスクがある
・事前の訓練が必須
・脳を休憩させることなく、解き続けることになる

〈特徴・注意点等〉

この方法を使用する方は少数派ですが、試験慣れしている人に使われる傾向があります。表面的なメリットは大きいのですが、見直ししつつ転記する場合は、最低でも10分以上の時間を確保しておく必要があるため、時間ギリギリの勝負になる人は、精神的な圧迫を受けることに繋がるおそれもあります。

その他、マークシートの塗りつぶしに関する注意事項

OMR（マークシート処理機）は、よほど薄くない限りはちゃんと読み取るため、あとでマークを修正することも考慮して比較的軽めに塗っておくのも、一つの策です。

気になる場合には、提出直前の1分前にざっと上塗りすることで対応できます。

一般に、マークシートに使う芯は、2Bくらいが塗りやすく、かつ、消しやすいといわれています。
また、マークシート用の筆記用具も販売されているので（100円ショップにもあります）、そういった筆記用具を使うのも一つの策となります。

マークシートの塗りつぶしやチェックは、頭の切り替え、あるいは休憩という効果が期待できるため、煮詰まった場合に、いったんマークミスがないか問題用紙とマークシートをチェックするというのも一つの策です。

その意味で、②以上の計画性が求められることになるため、模試などで繰り返し訓練しておく必要が生じます。

特に事前の練習では、「見直し及び転記に何分確保する必要があるか」「全て解答できてから塗りつぶすのか？　できた範囲までで塗りつぶすのか？」「時間配分ミスが生じた場合の対応方法をどうするか（見切りをつけて途中で転記するタイミングや①の方法に移行するタイミングなど）」といった辺りを意識して、訓練しておいてください。

52 簡易図とライン引き

「簡易図」を描くことと「ライン引き」をするというのは、時間短縮及びケアレスミス防止対策として効果的な方法の一つです。

●簡易図

事例問題、特に近年の民法で多く出題されている、問題柱文（リード文）にAさんやBさんなど人物が出てくる形式の問題では、何度も柱文を見直したり、人間関係を混同したりしないで済むように、その人間関係の簡易図を描いたほうがよいでしょう。

登場人物が少ない場合、横着して描かない人も多いようですが、本試験では普段以上にケアレスミスが起きやすい状況にありますので、たとえ2名しか出てきていなくても、描いておくべきです。

簡易図の例

【例1】

Aが所有する建物をBに売却し、更にBはその建物をCに売却した。

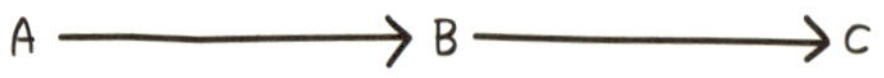

【例2】
Aは自己の所有する建物をBに売却し、移転登記をしていない間に、更にCへ売却した。

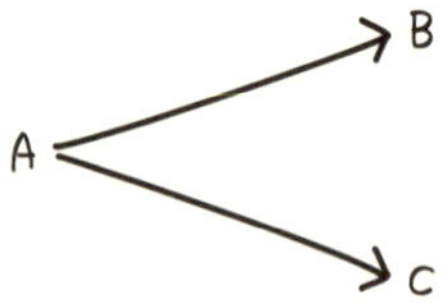

POINT

簡易図は、自分だけが判断できればいいので、細かなことは自分なりのオリジナルルールを作っていくことになります。

たとえば、私の場合、「解除」「取消し」「無効」が生じた場合、ライン上に「×」印をつけたり、登記が誰の下にあるのか表すために人物（AやB）の上に、「ト」とつけたり、未成年者を表すために人物の上に「未」とつけたりします。

普段の学習においても、書く癖をつけて、なるべく早く、かつ、正確に簡易図化できるよう訓練してください。

ライン引きの例①

【平成21年問9】行政機関に関する次の記述のうち、
正しいものはいくつあるか。

≪選択肢省略≫

【平成21年問31】A、B、C三人がDに対して60万円の連帯債務を負っている場合に関する次のア～オの記述のうち、
妥当でないものの組合せはどれか。

≪選択肢省略≫

●ライン引き

ライン引きはしていないという人のほうが多いと思いますが、普段の学習でケアレスミスが多いという方は、取り入れたほうがよいかと思います。引いたことがない方は、どこに引くのかわからないでしょうから、いくつか事例を挙げておきます。

上図のラインは、個数問題や組み合わせ問題では、「正しい」を探すのか「誤り」を探すのかについて、とかくケアレスミスが起きやすいので、そこにラインを引いておくというものです。なお、単純な五肢択一式の場合は、正誤の構成が4対1であり、その種のケアレスミスは起きにくいので、ラインを引かなくてもよいかと思います。

ライン引きの例②

【平成21年 問14】処分についての審査請求に対する裁決に関する次の記述のうち、妥当なものはどれか。

1. 裁決には理由を附すこととされているが、○ これが附されていなくとも、裁決が違法となることはない。×
2. 裁決においては、違法を理由として処分を取消すことはできるが、不当を理由として取消すことはできない。×
3. 裁決は、書面ですることが原則であるが、? 緊急を要する場合は、口頭ですることも許される。○
4. 裁決に対して不服がある場合でも、これに対して行政事件訴訟法による取消訴訟を提起することはできない。×
5. 裁決においては、処分を変更することが許される場合でも、これを審査請求人の不利益に変更することはできない。○

上図は、問題文の中の論点ごとのチェックです。

この例では、ラインを引いてその右下に判断の印をつけていますが、スラッシュで区切ったり、区切らず直接上に印をつけたりするということでもよいです。

また、全論点にチェックするのは時間がかかるので、明らかな間違いを見つけた場合だけチェックするということでもよいでしょう。

1カ所でも×がつけば、当然、その選択肢は「誤り」ということになります。

このチェックがあると、再度問題を読み直す必要がある場合に、確認がしやすくなります。

ライン引きの例③

【平成21年問13】次の手続のうち、私人間紛争の裁定的性格を有する行政審判に該当するものの組合せはどれか。

ア. 海技士等に対する懲戒処分を行うための海難審判所における審判・裁決の手続

イ. 不当労働行為に係る救済命令のための労働委員会における審問・命令の手続

ウ. 免許取消しのために実施される電波監理審議会における意見聴取手続

エ. 特許無効審判が請求された場合に行われる特許庁における審判断・審決の手続

オ. 暴力主義的破壊活動を行う団体に対する規制処分のための公安審査委員会における審査手続

ア・イ　イ・ウ　イ・エ　ウ・エ　エ・オ

上図は、解答するための重要キーワードへのライン引きです。このラインは、単に正誤を判断する形式の問題では使いませんが、思考型の問題や文章理解力問題のような、問題文の他に本文がある形式の問題等で特に使います。

本問の場合は、問題柱文の「私人間紛争」に対し、選択肢に引いたラインの箇所で判断することが可能になります。

8章

試験が終了したらやるべきこと

本書は、勉強法をテーマにしているので、
試験終了後に関する事項は
核心的なものではありませんが、
試験終了後のことが頭の中で具体的に描けていれば、
学習の際のモチベーション維持にも繋がります。
本章ではそれらに関することを
簡単に説明しておきます。

53 合格発表前にできること

1章で説明した通り、行政書士試験は、毎年11月の第2日曜日の13時から16時まで実施されます。そして、その当日の19時くらいからスクールや出版社等によって、順次解答速報が発表されます。

もっとも、スクールによって解答が違っていることも多くありますし、さらには記述式問題の採点基準自体は不透明であるため、正確な合否は正式な合格発表日（翌年の1月の第5週に属する日）までわかりません。

試験終了後は、しばらく休息するということでよいと思いますが、結果が芳しくなく、かつ、翌年のリベンジを考えているならば、完全に学習から長期間離脱するとブランクを取り戻すのが大変なので、多少の学習はしておきたいところです。

今まさに、その状況にあるという方もいらっしゃるかもしれませんが、**年内には解説付きの予想解答が各スクール等から配布されるので（合格道場の場合は、例年12月上旬に**

ホームページ上で掲載しています）、最低限、敗因分析はしておきましょう。

一方、合格がほぼ確実であり、翌年または将来的に開業を考えているのであれば、後述する**開業に向けた準備を前倒しで開始するか、他の資格を取得するための学習を開始する**ということになります。

一般に、行政書士と相性がよいといわれている資格としては、司法書士、社会保険労務士、宅建、簿記、個人情報保護士、中小企業診断士などがありますので、自分の将来設計と照らし合わせて検討してみてください。

54 合格発表後について① 不合格の場合

合格発表後の流れとしては、発表日の数日後に通知書が届きます。

当然、そこには合否の結果が記載されていますが、本項と次項では、「不合格の場合」と「合格の場合」に分けて話を進めていきます。

まずは残念な結果に終わった方のうち、さまざまな事情から、その年、ないし今後の行政書士試験の受験を断念するという方についてです。

アンケートデータによれば、例年、不合格者の約半数が、この選択をしています。

資格試験では、とかく結果が重視されます。再受験する場合は、最終的な結果を変えることができますが、この選択をする場合、「不合格」が最終的な結果になってしまうので、その分、気持ちの落ち込みは大きくなるかもしれません。

ただ、不合格だったからといって、決して努力した事実までもが否定されるわけではありません。

「失敗は挑戦者のみに与えられる勲章である」といいますが、その勲章を新たな挑戦に役立てていくと捉えて、前向きに気持ちを切り替えていってもらえればと思います。

一方、残念な結果に終わった方のうち、再度行政書士試験へ挑戦するという方もいらっしゃるでしょう。

なかなか気持ちの整理がつかないかもしれませんが、再度その年の試験に臨むと考えているならば、あまり長く落ち込んでもいられません。なるべく早目の学習再開を心がける必要があります。

資格試験や勝負事においては、「運良く合格することはあっても、運悪く不合格することはない。不合格だったのには必ずその原因があるはずである」ということがよく言われます。不運であったと結論づけるのは簡単ですし、また、実際に〝不運がなかった〟とは言えないのかもしれません。

しかし、そこに敗因を持っていっては、何ら成長は望めず、同じ轍を踏むことになってしまいます。**敗因を真摯に見つめて、受け止めて、そしてしっかりその対策を行なう**必要があります。

以下では、再受験生の注意点として、試験の得点別に区分けして、説明いたします。

150点以下

行政書士試験では、ある程度の努力をすればほとんどの人がすんなりと150点付近までの実力はつきます。そういう意味で150点以下だった受験生には、おそらく自分自身でも「合格しない可能性が高い」「あまり勉強をしなかった」という認識のもとに試験日を迎えた方が多いのではないかと思います。

一方で、ある程度の期間しっかりと勉強しているのにこの点数に至らなかったという方は、その学習の方法や計画等に大きな問題があるのではないかと考えられます。

いずれにしても、150点以下ということは基礎的な問題を多く落としている状況ですから、言い換えれば、基礎学力がまだできあがっていない状態だといえます。

今年の受験に向けての学習計画については、ある意味、最も単純明快であり、**前年度の下地があるという認識は持たずに**、初学者として学習にあたる、つまり全分野テキストによるインプットからやり直す必要があるかと思います。

また、再受験生は、とかくこれまでしてきた勉強法等の存在が邪魔をして、新しい勉強法を取り入れるのを嫌う傾向がありますが、特に**ある程度の期間しっかりと勉強したのに**

150点以下の方については、学習方法や計画等に大きな問題があるのは明らかです。本書を参考にして、根本的な部分からちゃんと見直しする必要があります。

なお、受験した年度が昨年ではなく間が開いているという受験生の場合も、たとえ150点以上であったとしても忘れている部分が多いでしょうから、同様に一からやり直す必要があるかと思います。

●151～170点

前年の試験が151～170点であった方は、一定の努力はしたものの、行政書士試験を甘く見ていた方に多いのではないかと思います。

一定の基礎知識はできあがっていても、まだ不足がある状況といえるので、今年の受験に向けて学習するにあたっては**全体の基礎知識の底上げ**が必要です。特に、弱点となっている分野については、アウトプットに入る前にもう一度しっかりインプットからやり直す必要があるかと思います。

テキストについては、法改正情報などをチェックすればそのまま使用できますが、**心機一転して、変えてみるというのも一つの策**です。

これは、3章19項の「再受験生は教材を買い替えるべきか?」でも説明していますが、決して、合格の原因が昨年使用した参考書の質にあるという意味ではありません。たとえ同じ内容が書かれていても、違う言葉で説明されていることによって、より深く理解し、知識の幅を生むことに繋がりやすく、**いろいろな角度からの問題文に対応しやすくなる**からです。

たとえば、問題を解いてわからなかった場合に解答を見てみると「あぁ、このことだったのか」というときがありますが、こういう問題が減っていきやすいのです。

また、このレベルの方において、特に注意してほしいのは、**自分は「中級者以上だ！」ということを過度に意識しすぎない**ことです。

よくあるのが、難しい論点の知識は多少増えたが、結局、昨年同様に基礎がグラついており、それが致命傷になって不合格を繰り返すというパターンです。

まだ基礎が不足している状況なので、過去問題の学習も再度しっかりやる必要がありますし、テキストの基本論点をおざなりにすることはできません。

行政書士試験で合格するために最も重要なのは、まずは基礎を正確に理解していることですので、その点を忘れないようにしてください。

171点以上

このレベルにある方は前年度の受験の際は、十分に努力された方が多く、それだけに、今後どのように学習を進めればよいのか見失ってしまっているケースも多いようです。

171点以上であった方は、一定の基礎知識はできあがっているといえるので、テキストについてはいわゆる学者本などを使用してみてもいいかと思います。

一般に、不合格したからといって学習の範囲を広げる策を講じるのは、あまり推奨されず、基礎を見つめ直すべきだといわれますが、このレベルにある方であれば、大丈夫だと思います。

もっとも、演習力・応用力といったものの不足が、180点取れなかった最大の原因といえるので、インプット学習に偏りすぎて、アウトプット学習がおざなりにならないように注意してください。

また、縁起の悪い話ではありますが、**170点台を繰り返してしまう受験生は多くいるので、くれぐれも「あと一歩だった」という油断を持たないこと**です。何もしなければ当然、記憶はどんどん薄れていきますので、なるべく早くに学習を再開するべきだと思います。

仮に、現状維持にプラス一歩分のレベルアップを図ったとしても、毎年合格率に大きな開きがあるように、次の試験の難易度で考えれば、必ずしもあと一歩分の勉強でいいとはいえません。

また、同じ10点分のレベルアップでも、１４０点→１５０点とは訳が違い、１７０点→１８０点へのレベルアップには、**1点1点に大きな壁がある**という認識が必要かと思います。

なお、合計で１８０点以上取ったのに、一般知識等で基準点に足りず不合格となった方は、言わずとも、一般知識等を強化した学習計画を組み立てればよいでしょう。

55 合格発表後について② 合格の場合

晴れて合格することができた場合は、通知書の約1カ月後に合格証が届きます。合格して合格証が届いたからといって、当然に行政書士になるわけではなく、登録して初めて行政書士になります。

また、当たり前のことですが、合格したからといって、必ず登録しなければならないわけではありません。単純に自身のスキルアップとして、試験を受けたという方もいるでしょうし、会社員として、資格手当や、法務部・総務部等の希望部署への転属を目的として試験を受けたという方もいるでしょうから、そういった方については合格によってその道のりは、ほぼゴールしたことになります。

一方、行政書士として開業することを目的として、受験された方にとっては、合格はスタート地点にたどり着いたにすぎません。

次項からは、行政書士として開業することを目的としている方を対象として、それらに関することを説明していきます。

56 行政書士は儲かるのか?

まずはじめに、開業するにあたって、皆さんが一番興味がありそうな**行政書士は儲かるのか、儲からないのか**についてお話ししておきます。

実は、この点については、情報が錯綜しており、両極端な情報に振り回されがちです。というのも、スクール等では受験生を集めたり、教材の購入を促進したりするために、煽るように行政書士の良いことだけを並べることが多いのに対し、試験に合格できずに断念した人のやっかみや、隣接法律家による敵対心から、恣意的に一部の情報だけを抜き取って「行政書士は食えない資格」などと罵倒されることがあるからです。

これらの偏った情報に踊らされることなく、冷静に情報の取捨選択をする必要があります。

まず、後者の「行政書士は食えない資格」についてですが、行政書士会連合会の会報『月刊　日本行政』に掲載されたアンケート資料によると、行政書士の平均年収は、６０

0万円程になっており、年収1000万円以上というのも、決して夢物語ではありません。その意味では、決して「食えない資格」ということはありません。

他方で、前者の「良いことだけを並べた言葉」を鵜呑みにすると、行政書士の資格を取って開業すれば、それだけで仕事がじゃんじゃん舞い込んでバラ色の人生が待っているかのような錯覚に陥りますが、それは幻想です。

現在、**法律系の資格で、合格すれば、あとは安泰という資格は皆無**といえます。最難関の資格とされる弁護士であっても、苦戦を強いられる時代ですから、行政書士が苦戦を強いられるのはある意味当然でしょう。

前述の「600万円」という数字にしても、あくまでも平均であって、500万円以下の人も多数存在しています。

基本的に、士業というのは自営業ですから、儲かっている人もいれば、儲かっていない人もおり、それは飲食店が儲かるのかを考えるのとあまり違いはありません。結局のところ、資格を生かすも殺すも本人次第といえます。

57 開業の手続き① 登録

まず、開業を考えるにあたって避けるべきなのは、試験に合格した勢いに任せて、十分な準備をすることなく、開業に踏みきるというパターンです。

というのも、行政書士は、試験で得た知識が実務でほとんど役に立ちません。

また、元々人脈が多くある方は別ですが、そうでなければ、最低でも開業後半年程度は、士業による収入では生活していけるレベルには至らないのが普通です。

ですから、開業を計画するにあたっては、最低限の準備として、**ある程度の知識的な補強と、資金の確保**が必要になります。

補助者になって経験を積んでから開業する、という方法もありますが、補助者の求人自体があまりないため、ここではとりあえずその選択肢は消去して、話を進めていきます。

行政書士の登録は、所定の書類を揃えて、行政書士連合会に提出し、登録費用を払うこ

登録時に必要な書類

提出書類

- □ 行政書士登録申請書
- □ 履歴書
- □ 誓約書
- □ ○○行政書士会入会届
- □ ○○行政書士政治連盟加入届

添付書類

- □ 行政書士となる資格を証する書面
- □ 戸籍抄本
- □ 登記されていないことの証明書
- □ 身分証明書
- □ 申請者の正面顔写真
- □ 事務所に関する書面
- □ 写真

※他士業と兼業する場合や共同・合同事務所の場合は、提出する書類が増えます。また、各行政書士会によって提出書類は若干異なっているため、詳細については各行政書士会にお問い合わせください。

とによって行ないます。

登録費用は、都道府県ごとに異なっており、大体20～30万円になっています。

また、この他に行政書士会への月々の会費（5000～7000円）があり、さらに行政書士会の各支部の会費がある場合（月1000円程度）や、一応、形式上任意ながら実質に半強制的な行政書士政治連盟の会費（月1000円程度）というのもあります。

これらの費用を高いと見るか、安いと見るかはそれぞれでしょうが、いずれにしても開業計画を立てるにあたって、見込んでおかなければならない費用です。

ちなみに、この登録費用は、事務所を他

県に移転する場合、改めて支払わなければいけません。**どの地域で開業するのかというのも、十分に検討する**必要があります。

また、提出する所定の書類（前ページ上図参照）はかなりの量になり、収集と作成だけでも日数がかかりますし、提出してから実際に登録されるまでも、数週間～数カ月の期間がかかりますので、開業計画の日程に織り込んでおく必要があります。

58 開業の手続き②　その他の準備

前述の通り、行政書士は、試験勉強で得た知識というのは、実務でほとんど役に立たないので、実際に開業するにあたっては実務的な知識を得なければなりません。

書籍である程度習得することはできますが、より実践的にという意味では、各行政書士会や支部等で開催される勉強会・研修会・セミナーに参加したり、実際に役所へ出向いて「申請書類」と「手続きをするための手引書」をもらってきて、それを参考に試作してみたりする方法があります。

特に、**積極的に勉強会等に参加するというのは、知識を得るだけでなく人脈を作ることにも繫がる**ので、必須の準備といえます。

今後ライバルになるかもしれない新人行政書士に、先輩行政書士が親切にアドバイスや指導なんかしてくれるはずがない、と思われがちですが、同じ境遇を経ている先輩行政書士も多いため、それを察して手を差し伸べてくれる方も少なくないようです。

もちろん、その機会を得るには積極的な姿勢が必要でしょうし、また、指導をしてもらえることが当たり前だという態度では、自らその機会をつぶしているに等しいことです。これは、行政書士としてというより、社会人として、人として、ということに関わるところでしょう。

研修の情報は、行政書士として登録していれば、毎月行政書士会から届く会報から得ることができますし、登録していない場合でも、各行政書士会に問い合わせれば教えてもらえます。

支部ごとの勉強会やセミナーは、各行政書士会を介して支部長へ直接連絡したうえで、確認することになります。基本的には、行政書士として登録していなくても、登録予定者であることを告げれば、その多くは参加の許諾が得られると思います。

これらの準備を開業前にしっかりやっておくべきなのか、開業してから同時進行で進めるべきなのかは、意見の分かれるところです。

しかし、いずれにしても**開業後にも継続的にこれらのことはやっていく必要がある**ので、最低限やっておくということでよいかと思います。

59 開業の手続き③　開業に関する費用

開業に関する費用については、想定している事務所によって異なりますが、まず、絶対的に必要な費用としては、前述の行政書士の登録費用及び月会費等（合計20～30万円くらい）の他に、名刺、パソコン、プリンタ、電話、ファックス、携帯電話、印鑑、事務用品（コピー用紙、インク、領収書、請求書、封筒、文房具など）などの購入費用があります。また、必要に応じて、コピー機、業務ソフト、各種書籍、オフィス家具などの費用も考えておかなければなりません。

さらに、事務所の家賃は、自宅で開業すれば直接的にはかからないとしても、半年程度はそれほどの収入は見込めませんので、一定の生活費を確保しなければなりません。また、前述の研修会・勉強会・セミナーの参加費もかかります。

さらにさらに、ホームページを自分で作成できない方は、その作成にかかる費用と、開業後にはホームページを宣伝するための費用についても考えておく必要があります。

他にも、人脈を広げるために、積極的に懇親会などには参加しておきたいところであり、当然にそれにも費用がかかります。人に多く会おうと思えば交通費も嵩むことになりますから、開業当初は、何かとお金がかかります。

このように考えると、削れるものを最大限削ったとしても、**最低150万円程度**がなければ、費用面で不安を抱えた開業になってしまうと思います。

60 開業の手続き④　開業後について

開業後の細かな営業戦略については、その種の書籍に委ねますが、精神論的な部分で一つだけ言わせていただくと、個人事業というのは良くも悪くも1人であるため、**手を抜こうと思えばいくらでも手を抜くことができるという落とし穴**があるということです。

行政書士試験に合格する能力があるくらいですから、本来はこれから何をするべきかを判断する能力も備えているはずですが、それを継続して実践することは思いのほか難しいものです。

開業当初は、やる気もみなぎっているでしょうが、特に、営業（主に人脈拡大）や業務に関する勉強については、地道で継続的な努力が必要であり、終わりはありません。

その落とし穴にはまることなく、自分に厳しく信念を持ってやり続けていれば、きっと「成功」の二文字が見えてくるのではないかと思います。

【著者略歴】
太田孝之（おおた たかゆき）
「行政書士試験！ 合格道場」代表
1973年北海道生まれ。元実業団サッカー選手という異色の経歴を持つ行政書士試験の学習指導者。わかりやすく、丁寧な指導をモットーにしており、運営している行政書士試験学習サイト「行政書士試験！ 合格道場」では1日20万アクセス超を記録。多くの受験生から支持されている。また、資格スクールへの教材提供をする他、自らもラジオNIKKEI行政書士合格講座の担当講師を務めるなど、行政書士試験指導におけるスペシャリストを目指して、精力的に活動している。

■お問い合わせ
「行政書士試験！合格道場」
URL：http://gyoseisyoshi-shiken.rdy.jp
Mail：support@gyoseisyoshi-shiken.rdy.jp

独学で確実に突破する！
「行政書士試験」勉強法

平成24年10月3日　初版発行
平成27年1月20日　3刷発行

著者　太田孝之

発行者　中島治久

発行所　同文舘出版株式会社
東京都千代田区神田神保町1-41　〒101-0051
営業(03)3294-1801　編集(03)3294-1802
振替 00100-8-42935　http://www.dobunkan.co.jp

ISBN978-4-495-52011-3
印刷／製本：萩原印刷　Printed in Japan 2012